MARQUIS DE VALOUS

Avec les « Rouges » aux Iles du Vent

SOUVENIRS DU CHEVALIER DE VALOUS

— 1790-1793 —

NOUVELLE COLLECTION HISTORIQUE

CALMANN-LÉVY, Éditeurs

Avec les " Rouges "
aux Iles du Vent

CALMANN-LÉVY, Éditeurs, 3, rue Auber. — Paris

NOUVELLE COLLECTION HISTORIQUE

— Publiée sous la direction de Marcel Thiébaut —

CAMILLE-MARIE, CHEVALIER DE VALOUS

(1764-1840)

MARQUIS DE VALOUS

Avec les " Rouges " aux Iles du Vent

Souvenirs du Chevalier de Valous

(1790-1793)

NOUVELLE COLLECTION
HISTORIQUE

CALMANN-LÉVY, Éditeurs
3, Rue Auber, PARIS

1930

INTRODUCTION

L'histoire de la Révolution, comme le remarque fort justement M. Pierre de Vaissière, a été trop souvent écrite d'après les seuls documents émanés de ceux qui en furent les animateurs et les champions. Il serait juste pourtant de donner aussi la parole (depuis ces dernières années on commence d'ailleurs à s'en convaincre), à d'autres témoins que les Révolutionnaires eux-mêmes je veux dire à ceux qui souffrirent de la tourmente. C'est de cette pensée que je m'inspire en offrant au public, d'après des récits inédits de l'époque, une relation des événements peu connus qui se déroulèrent aux Antilles françaises à l'aurore des temps nouveaux.

Certains passages de ces souvenirs pourront étonner, parfois même choquer notre moderne conception du patriotisme. Mais il faut se souvenir ici que toute l'histoire de l'émigration nous fait assister à un curieux conflit entre le sentiment de dévouement au Roi et l'attachement au pays lui-même. Aussi ne faut-il pas sur ce point formuler de jugements trop hâtifs.

Le chevalier Camille de Valous, auteur du journal inédit d'où nous extrayons les pages qu'on va lire, avait été baptisé le 25 décembre 1764. Il était l'avant-dernier des treize enfants vivants de Benoît de Valous, seigneur de

Tourieux et Chambas en Lyonnais, ancien échevin de Lyon et procureur général de cette ville, et de Françoise Fourgon de Maisonforte. La vie des camps avait surtout tenté la branche cadette de sa famille, vieille souche de petite noblesse du pays de Forez (Henri IV l'appelait une pépinière de gentilshommes) dont les vigoureuses et prolifiques racines avaient poussé des rameaux jusqu'en Champagne et en Bourgogne. Quelques croix de Saint-Louis, une charge d'officier général sous Louis XIII, un cas de rébellion à la suite de M. le Prince pendant la minorité du Grand Roi, une foule de petits emplois d'officiers de troupe, mais surtout des dettes à revendre, tel était, au début du règne de Louis XVI, le bilan de plusieurs siècles de dévouement et de bravoure.

Camille de Valous appartenait, lui, à une branche plus stable de la maison, il y avait bien eu quelques mousquetaires du Roi parmi ses auteurs, mais très vite la casaque d'argent et d'azur et la croix fleurdelisée avaient été troquées contre la sévère simarre du patriciat lyonnais. Son aîné avait continué la lignée de magistrats et de juristes que ses pères avaient inaugurée au XIVe siècle, un autre de ses frères était d'Église, comme on l'était au couchant de la monarchie : confortablement installé dans sa prébende, il cultivait les lettres et même par surcroît les devoirs de son état car, chanoine et baron de Saint-Just, il avait reçu la prêtrise. Comment le cadet prit-il le goût des armes et surtout de la mer, au milieu de toutes ces robes ? Nul ne le sut jamais... En tous les cas le métier de son choix l'absorba tout entier dès son âge le plus tendre.

Entré en 1778 dans la marine royale en qualité de garde de la marine, il participa comme tel à la guerre des « insurgeants » d'Amérique; lieutenant de vaisseau en 1787, il fut envoyé une première fois aux Iles du Vent et sous le Vent (Antilles) l'année suivante; après une brève croisière, il y retourna une seconde fois en 1790 pour y faire un séjour de trois ans. Passé en 1793 avec les vaisseaux de sa station au service de l'Espagne par fidélité aux Bourbons et pour ne pas servir la République, il était réintégré en 1814 dans la marine de France redevenue royale, avec le grade de capitaine de vaisseau. En 1815 il quittait le service avec une pension de 1 200 livres et une belle somme de déceptions dont le souvenir occupa sa retraite jusqu'à sa mort survenue le 10 mars 1840...

L'auteur de ces mémoires a été témoin des événements dont on va lire la relation et il y a joué, on le verra, un certain rôle. Il appartenait depuis l'âge de quatorze ans à ce corps des officiers de la marine royale auquel on a trop souvent reproché ses défauts, sa morgue, son exaltation, son indépendance et son exclusivisme, en méconnaissant la haute valeur professionnelle de ses membres, leur bravoure, leur dévouement désintéressé et, par-dessus tout, leur culte chevaleresque pour le sentiment de l'honneur.

Recrutés surtout dans la noblesse provinciale (la noblesse de cour préférait l'armée de terre au dur métier de marin) ceux que l'on appelait les « rouges[1] » n'avaient eu ni les loisirs, ni l'occasion de se laisser beaucoup enthousiasmer par les idées des philosophes ; comme leurs parents restés occupés à cultiver leurs terres ou végétant dans les emplois inférieurs, ils ne s'étaient pas laissé troubler par les grands mots de liberté, de fraternité et d'égalité ; comme ceux qui les avaient précédés,

---

1. On sait que tel était le surnom que l'on donnait pour leur veste et leur culotte écarlate aux officiers du « Grand corps » afin de les distinguer des officiers « bleus », roturiers ou anciens officiers de la marine marchande qui n'avaient pu faire la preuve d'au moins quatre générations de noblesse paternelle exigée pour l'admission directe dans la marine de guerre. Parvenus au grade de lieutenant de vaisseau, ces deux catégories d'officiers avaient les mêmes droits à l'avancement, mais jamais il ne régna dans leurs rapports la camaraderie qui le plus souvent réglait les relations des officiers nobles et des officiers de fortune de l'armée de terre.

ils ne connaissaient qu'un devoir : servir! Aussi, à de
rares exceptions près, est-ce dans la marine de guerre
que l'on trouve les plus acharnés adversaires des idées
nouvelles et les partisans les plus dévoués de la Monarchie.
Par leurs origines, leurs goûts et leurs aspirations, ils
étaient bien faits pour sympathiser avec la partie la plus
stable et la plus saine des colonies : les « habitants » ou
planteurs qui, comme eux, appartenaient pour une bonne
part à la classe de la petite noblesse provinciale de France;
et de fait entre les officiers de la marine royale et les planteurs des Iles, l'harmonie fut toujours parfaite.

L'exposé que j'ai fait de l'histoire révolutionnaire des
Antilles françaises pendant la période écoulée entre 1789
et le début de 1791 a été rédigé d'après des documents
inédits des Archives Nationales et de la Bibliothèque
Nationale. A partir de 1791, j'ai laissé la parole au chevalier de Valous, en rectifiant ou en complétant son récit
par des notes quand cela était nécessaire.

AVEC LES "ROUGES"
AUX ILES DU VENT

CHAPITRE PREMIER

LES ANTILLES A LA VEILLE DE LA RÉVOLUTION

Les « Iles », seule colonie de peuplement depuis la perte du Canada. —
Relative autonomie administrative. — La population : les « habitants », les « petits blancs », les mulâtres, les noirs. — Griefs des planteurs contre l'exploitation égoïste des colonies par la métropole.

Conquises à la France durant la première moitié du
XVIIᵉ siècle, les Iles du Vent (Martinique, Guadeloupe,
Sainte-Lucie, Tabago, Marie-Galante, Désirade et autres
îles de moindre importance de l'archipel des Antilles)
ont, de même que les Iles sous le Vent, entre toutes les
colonies de l'Ancien Régime, un caractère spécial. Plus
que toutes les autres en effet, elles sont aux yeux des
hommes de l'ancienne France, avec le Canada et la Réunion,
celles où notre pays a fait souche et où il a constitué une
population entièrement française gardant au loin notre
langue, nos mœurs et notre civilisation. En outre, devenues
rapidement des colonies d'exploitation et de commerce,
c'est-à-dire des établissements qui n'avaient d'utilité,

1

aux yeux de la métropole, qu'autant qu'ils lui fournissaient de faciles débouchés pour le trop-plein de ses produits et lui envoyaient en échange les denrées qu'elle ne produisait pas, les Antilles françaises réalisèrent au plus haut point le type de la colonie tel que le comprenait le commerce de France. Aussi, tandis que la perte de l'Acadie et du Canada, où l'importance du peuplement seule avait été considérée, fut accueillie avec une presque complète indifférence par l'opinion publique, la cession des Iles du Vent eût été considérée comme un terrible échec pour la politique extérieure de la métropole; bien pis : elle eût consommé la ruine de son commerce maritime.

Les Iles du Vent étaient administrées par un gouverneur général résidant à la Martinique, assisté de gouverneurs particuliers à raison d'un par île, et par un intendant de justice, police et finances. Le gouverneur lieutenant général représentait le Roi, il était le chef des troupes de terre et de mer et de la milice; président des diverses assemblées qu'il convoquait ou dissolvait à sa guise, il exerçait en fait, sinon toujours en droit, une autorité à peu près illimitée. L'intendant avait la haute main sur la justice et disposait seul des deniers publics.

Dans la métropole l'intendant était tout, tandis que le gouverneur ne bénéficiait que d'avantages purement honorifiques; tel n'était pas le cas aux Iles où ces deux fonctionnaires exerçaient en commun une série d'attributions. C'est par là surtout que l'administration coloniale se distinguait de celle des provinces de France. Sous le nom de chefs de la police générale, gouverneur et intendant dirigeaient de concert la haute police, le commerce, l'agriculture et la navigation. Ils avaient entre les mains la tutelle administrative de la colonie, la police du culte, la voirie et la concession des terres. Réunis, ils formaient un tribunal administratif sous le nom de tribunal de l'Intendance et connaissaient des procès relatifs aux concessions, irrigations, corvées d'entretien des chemins, etc. Dans cette sorte de condominium, c'est le gouverneur qui avait la prépondérance, en cas de divergence d'opinions jusqu'à l'arrivée des ordres du Roi. Comme il avait seul la puissance exécutive (troupes et milices), le concours du gouverneur général était absolument nécessaire à l'intendant pour assurer l'exécution de ses décisions. Il en résultait une sorte de contrôle supérieur exercé par les lieutenants généraux sur l'administration même spéciale des intendants ; cette prédominance était d'ailleurs l'origine de difficultés continuelles auxquelles seule l'intervention de l'autorité royale pouvait mettre fin. Rappelons encore que le gouverneur général avait le droit expressément confirmé par le Roi de renvoyer en France les personnes dont il estimait que la présence pouvait nuire à la colonie.

En face de l'omnipotence du gouverneur et des larges pouvoirs de l'intendant, les conseils souverains des colonies, comme les parlements de France, avaient été investis, outre leurs attributions de justice et de police, de certaines parcelles d'autorité. Considérés qu'ils étaient par tous comme une émanation de la communauté des colons, on avait consenti à leur abandonner en principe quelques droits politiques et administratifs, mais en fait depuis bien longtemps leur influence était réduite à néant.

Cependant, vers la fin de l'Ancien Régime, le gouvernement royal entreprit de doter les colonies d'une véritable représentation locale sur le modèle des assemblées provinciales organisées en France en 1787 : aux lieu et place des chambres d'agriculture déjà existantes et n'ayant qu'un simple rôle de conseil économique, le Roi créa (ordonnance du 17 juin 1787) dans chaque île une assemblée coloniale composée de représentants de l'administration et de délégués élus. Les premiers étaient l'intendant, le lieutenant général ou le gouverneur particulier, le commandant en second, le plus ancien commissaire de marine et une députation du conseil souverain. Quant aux membres élus, ils étaient désignés par les propriétaires à raison d'un par paroisse. Les attributions de ces assemblées étaient d'ordre financier et d'ordre général, elles votaient et déterminaient le mode de répartition de l'impôt royal et de l'impôt municipal destiné au remboursement des nègres « justiciés[1] », prescrivaient les travaux d'intérêt général et fixaient la taxe qu'ils nécessitaient. Leurs décisions et arrêts étaient exécutoires après approbation des deux administrateurs, le gouverneur et l'intendant, qui, réunis, avaient le droit de veto et par conséquent une tutelle administrative qu'en réalité ils n'exerçaient que très rarement par suite de leurs fréquents désaccords. Si les assemblées coloniales avaient eu le temps de fonctionner, il est fort probable qu'elles auraient fait beaucoup pour la prospérité des Antilles, mais les événements de 1789 les en empêchèrent. Peu modifiées en fait par les décrets des premières assemblées révolutionnaires de la métropole, elles eurent le mérite de tenter de maintenir l'ordre et de retarder autant que possible l'anéantissement dans la tourmente jacobine. Si, plus énergiques et mieux soutenues par les gouverneurs, elles avaient pu librement suivre les directives de leurs présidents, peut-être les assemblées coloniales eussent-elles évité à ces lointaines terres françaises les calamités qui les désolèrent à l'égal de la mère patrie.

La population blanche des Antilles comprenait, sous l'Ancien Régime, des représentants de toutes les classes de la société. Mais les distinctions sociales qui avaient cours dans la métropole s'y étaient rapidement estompées, et tous les états, toutes les situations avaient fini par se

1. C'est-à-dire condamnés à la peine capitale.

confondre. Venus pour la plupart afin de s'enrichir, et impatients d'y parvenir par tous les moyens, même les moins compatibles avec leur condition sociale, les habitants des Antilles s'étaient bien vite accoutumés à ne faire entre eux d'autre distinction que celles que marquait la différence de leurs fortunes. Les blancs étaient divisés en deux catégories bien distinctes; d'une part les « habitants » : planteurs qui employaient quelquefois plusieurs centaines de nègres à l'exploitation de leurs vastes domaines et menaient pour la plupart une existence relativement opulente, négociants, hauts fonctionnaires des cours souveraines, officiers; d'autre part les « petits blancs » : gens de basoche, petits marchands, artisans, marins et aussi trop souvent soldats réfractaires, déclassés de toute espèce et de tout pays, attirés par la richesse des îles et souvent venus y chercher un refuge contre la justice de leur patrie. Ces déclassés enviaient beaucoup les planteurs et les riches marchands, mais plus qu'eux encore, ils dédaignaient les nègres esclaves et les gens de couleur libres. Trop souvent haineux, vivant d'expédients, sans scrupules et d'une insatiable avidité, ce rebut de toutes les nations sera un des meilleurs éléments de propagande pour l'agitation révolutionnaire dont les principaux zélateurs seront les capitaines marchands.

Les mulâtres ou gens de couleur, seule classe intermédiaire entre les blancs et la population servile, descendaient directement ou indirectement de blancs et de femmes noires esclaves. Possédant le quart des esclaves et le tiers des propriétés, ayant reçu une demi-instruction et par leurs fréquents séjours en France une demi-teinte de la philosophie du jour, ils avaient la prétention d'être les égaux de leurs pères et frères blancs dont ils partageaient les charges financières et militaires[1]. Les

---

1. C'est ainsi que la milice de chaque paroisse comprenait trois compagnies : une de blancs, une de mulâtres, et une troisième d'affranchis.

planteurs, de leur côté, refusaient de considérer les mulâtres comme des égaux : la « tache » originelle que les plus menus indices dévoilaient à la perspicacité constamment en éveil des blancs, maintint toujours un fossé infranchissable entre ces deux classes. Les blancs cependant ne dédaignaient pas d'avoir des rapports d'affaires avec les mulâtres, et sentant qu'il était de leur intérêt de ne pas se montrer sur tous les points intransigeants, ils leur avaient laissé prendre une certaine influence dans les questions intéressant la colonie. Aussi quand éclatera la Révolution, mulâtres et habitants épouseront-ils avec ardeur la même cause et lutteront ensemble contre des innovations funestes à leurs intérêts. L'Assemblée Nationale retentira des déclamations d'un Mirabeau, d'un Pétion ou d'un abbé Grégoire, elle votera les décrets du 15 mai 1791 qui garantissent aux gens de couleur l'égalité civile et politique avec les blancs; tous ces efforts resteront infructueux, les mulâtres accepteront les avantages venus de France, mais n'en resteront pas moins les adversaires déterminés de la Révolution, les fidèles alliés des planteurs blancs et les meilleurs auxiliaires d'un Damas ou d'un Percin dans leur lutte acharnée contre les républicains. Aussi seront-ils honnis et persécutés par les petits blancs imbus du préjugé de race et envieux de leurs richesses. Ils ne rencontreront pas de plus implacables ennemis, et c'est par un massacre de mulâtres que commencera une des plus fameuses journées révolutionnaires à Saint-Pierre; c'est par des cruautés de ce genre que les « patriotes » manifesteront chaque fois la joie de la victoire ou le dépit de la défaite. Les noirs d'ailleurs, esclaves ou libres, ne seront pas traités avec plus de ménagements par les plus chauds partisans des idées humanitaires.

Au dernier échelon de la hiérarchie sociale se trouvait la partie numériquement la plus importante de la population des Antilles : les noirs. Dès le milieu du XVIIIe siècle, il était de bon ton dans les salons que des orateurs « sensibles » parlassent avec horreur des créoles, cruels tyrans et terribles tourmenteurs des nègres, représentés sous les traits de personnages idylliques qui n'auraient pas déparé une bergerie de Watteau. De leur côté les révolutionnaires négrophiles se livrèrent à de furieuses déclamations où l'on voyait percer beaucoup plus de haine et d'envie à l'égard des riches colons et de convoitise pour leurs possessions que de pitié véritable envers les nègres. Loin de vouloir prétendre que la vie leur fût douce aux Antilles, elle n'était cependant pas aussi rude qu'on veut bien le dire. Le travail auquel ils étaient assujettis n'était ni dangereux, ni malsain. Il n'y avait pas, du reste, de mines dans nos îles, ce qui a toujours représenté pour les indigènes le labeur le plus rude. De plus les noirs jouissaient de quelques avantages et il n'est pas osé de dire que, lorsque l'exploitation à laquelle ils étaient attachés n'était pas abandonnée à un gérant, leur condition était supportable.

Au reste, il est impossible de juger impartialement une époque sans en envisager les conditions de vie et les nécessités. L'apparition des grandes cultures : celles du sucre, de l'indigo, du café, du coton, devait, en amenant fatalement la création de grands domaines, concentrés dans un nombre relativement restreint de mains, donner à la propriété dans les îles un caractère industriel et manufacturier. Dans ces conditions, on jugeait presque impossible de se passer de travailleurs noirs. Seuls les noirs pouvaient en effet résister au climat, seuls ils pouvaient fournir la main-d'œuvre nécessaire. Aussi l'importation des nègres d'Afrique était-elle considérable. Estimée depuis 1760 à neuf cents têtes par an à la Martinique et à la Guadeloupe, elle ne paraissait pas encore suffisante. D'où une proportion de douze noirs pour un blanc et de six esclaves pour un maître. Chaque colon était moins un agriculteur qu'un chef d'industrie, entouré parfois de plusieurs centaines d'ouvriers; de leur travail dépendait sa fortune et de leur soumission sa vie. Toucher au régime de l'esclavage, c'était risquer de provoquer une crise ouvrière fatale aux Antilles. De plus la question de la traite des noirs était d'un intérêt capital pour les négociants de la métropole. L'approvisionnement des colonies en nègres faisait partie de l'exclusif, et, depuis Colbert, c'était une branche importante du commerce français. Les armateurs de la métropole et surtout ceux de Nantes, Marseille, Bordeaux, le Havre, qui étaient le plus engagés dans ce trafic avaient un puissant motif de faire cause commune avec les créoles. On peut même dire que toute la France commerciale était intéressée au maintien d'une institution qui provoquait un mouvement d'affaires d'environ 59 millions de livres par an.

Il avait suffi d'un peu plus d'un demi-siècle pour que fût assurée la prodigieuse prospérité qui était celle des Iles sous le Vent à la veille de la Révolution. Commencée à la fin du XVIIe siècle, la transformation agricole des Antilles était en effet presque entièrement accomplie au milieu du XVIIIe. On est en droit de se demander si la métropole aurait pu dans le même laps de temps fournir à ses colonies d'Amérique un aussi grand nombre de travailleurs libres aux mêmes conditions de bon marché relatif[1] et surtout capables de donner un rendement aussi considérable. Dans ces conditions on comprend que la prospérité des Antilles en 1789[2] (prospérité qu'elles

1. D'après Peytraud, *L'esclavage aux Antilles avant 1789*, Paris, 1897, in-8, un nègre ordinaire valait à la veille de la Révolution dans les deux mille livres, un nègre de choix, dit « pièce d'Inde », se vendait plus cher et pouvait atteindre jusqu'à six à neuf mille livres.

2. Les échanges entre la France et les Antilles se sont élevés en 1789 à deux cent quatre-vingt-seize millions, dont soixante-dix-huit pour les importations métropolitaines aux Iles (farine, viande salée, vins et étoffes) et deux cent dix-huit pour les importations coloniales en France (sucre, café, cacao, bois des Iles, indigo, coton, cuir, etc.). (Rapport

n'ont plus connue depuis lors), et les bénéfices importants
que la traite des noirs valait au commerce de France,
aient été considérés comme des arguments solides en
faveur de l'esclavage. Sans doute pourrait-on objecter
que ces avantages indéniables ne pouvaient être mis en
balance avec ce que cette exploitation de la liberté humaine
présentait de monstrueux... Il s'est trouvé cependant au
XVIIIe siècle des hommes pour défendre le principe de
l'esclavage en s'appuyant sur des considérations économiques. Ainsi le vicomte de Mirabeau[1] (frère du tribun)
qui fit cette déclaration à l'Assemblée Nationale le
8 mai 1790[2] : « Que prétendent ces « amis des noirs »,
ces ennemis de la France, qui veulent exposer à une
mort presque sûre les planteurs de nos colonies, qui
veulent réduire à l'inaction, plonger dans la misère une
foule d'ouvriers, de matelots, de négociants, d'agriculteurs
pour faire le bonheur des nègres ? Sont-ils les députés des
provinces de France ou les législateurs de Loango ou de

de Goudard sur le commerce de la France en 1789, d'après les statisti-
ques du Bureau de la Balance du commerce, lu à l'Assemblée Nationale
dans sa séance du 24 août 1791.)

1. André-Boniface-Louis Riquetti, vicomte de Mirabeau, surnommé
Mirabeau-Tonneau à cause de son obésité (30 novembre 1754-15 octobre 1792), chevalier de Malte de minorité, sert en 1778 sous les amiraux
de Guichen et de Grasse, pendant la guerre d'Amérique. Passé dans
l'armée de terre, il fut blessé au siège de Saint-Christophe; le Roi le
nomma en récompense colonel du régiment de Touraine (infanterie).
Député de la noblesse de Limousin aux États Généraux de 1789, il s'y
montra l'adversaire acharné de son frère. Son régiment s'étant révolté
à Perpignan, il enleva les cravates des drapeaux; arrêté et mis en accusation, son frère obtint sa libération comme député. Lorsque Louis XVI
eut prêté serment à la nouvelle constitution, il émigra de l'autre côté
du Rhin, où il leva la fameuse légion de Mirabeau, connue sous le nom
de Hussards de la mort. Il mourut à Fribourg-en-Brisgau d'une attaque
d'apoplexie.

2. Cf. un discours dans le même sens d'un député de Saint-
Domingue à l'Assemblée Nationale (29 décembre 1789).

Mozambique? Ce ne sont pas des nègres mais des Français qui les ont chargés de travailler à leur bonheur. Si la philanthropie est le roman ou l'hypocrisie du patriotisme, je leur conseillerai d'être moins philosophes pour être meilleurs Français!... »

La largeur d'esprit de l'ancienne monarchie, la justesse de ses vues et son art d'adaptation aux besoins du milieu contribuèrent à assurer aux Antilles la prodigieuse prospérité qu'elles acquirent avant 1789. La royauté eut en effet le rare mérite de respecter sinon même d'encourager les réformes spontanées, parfois radicales, que réclamaient les circonstances et qui, insensiblement, avaient produit la constitution politique, économique et sociale des Antilles.

En face de ce libéralisme administratif, il faut signaler comme contre-partie les erreurs commises dans l'ordre économique. La métropole cherchait avant tout à tirer des bénéfices de ses colonies. C'est ainsi que les Antilles n'avaient le droit de commerce qu'avec la France. Les sucres bruts qu'elles expédiaient dans nos ports étaient raffinés dans treize villes françaises auxquelles cette industrie assurait la richesse. Par contre aucun établissement de raffinerie n'était autorisé dans les Iles elles-mêmes.

C'est à cet état de choses qu'il faut se référer, si l'on veut comprendre les conditions dans lesquelles la Révolution a été accueillie aux Antilles. D'une part l'inégalité des classes (du moins en ce qui concerne les blancs) n'y ayant jamais existé, on n'y attendait point ces réformes qui enthousiasmèrent les paysans de nos provinces.

Par contre l'Assemblée Nationale ne songea jamais à desserrer l'étreinte, à abolir les interdictions commerciales dont souffraient les colons. En vérité des idées séparatistes avaient, pour ces seules raisons économiques, germé depuis bien des années dans le cerveau de nos créoles. Les menaces bientôt suivies d'actes, que l'on proféra à l'Assemblée Nationale contre une des plus importantes richesses des colonies : les esclaves, ne furent pas faites pour annuler ces tendances, ni resserrer les liens qui unissaient les Iles à la France. Et de fait ces liens iront en se relâchant de plus en plus à mesure que les Assemblées politiques de la métropole avanceront dans la voie des réformes prétendues humanitaires et émancipatrices, jusqu'au jour où le Roi étant devenu le prisonnier de la Convention, les créoles des Iles du Vent verront dans la chute du gouvernement légitime le prétexte longtemps cherché de refuser obéissance à la métropole et d'échapper ainsi à la ruine dont commençait de les menacer sa politique. Aussi, ne pouvant résister seules aux représentants et aux troupes envoyés contre elles par la République française, les Iles dans un mouvement de désespoir feront-elles appel à l'Angleterre dont la diplomatie toujours en éveil, guettait et préparait depuis de longues années déjà l'occasion qui ferait tomber entre ses mains ces derniers restes et non les moins riches de notre magnifique empire colonial...

CHAPITRE II

Premier voyage du chevalier de Valous aux Antilles. — Ses rapports avec la population. — Influence des idées nouvelles sur les marins. — Difficultés avec les équipages. — Menaces d'insurrection sur la corvette la *Blonde*. — Retour à Brest. — Situation périlleuse des officiers de la marine royale par suite de la propagande des clubs.

Le 26ᵉ novembre 1789, nous eûmes connaissance des hautes terres de l'île de la Martinique et le même jour, passant dans le canal de Sainte-Lucie, nous mouillâmes à quatre heures du soir dans la rade du Fort-Royal; nous trouvâmes dans le mouillage la frégate du Roi la *Sensible*, la très petite frégate l'*Active* et deux petites goëlettes de guerre appartenant à cette station. Le premier de ces vaisseaux était sous les ordres de M. Durand de Braye, capitaine de vaisseau, le second sous ceux du marquis de Traversay[1]. Je ne dois pas omettre de dire ici

1. Jean-Baptiste Prévost de Sansac, marquis de Traversay, né à la Martinique le 1ᵉʳ juillet 1754 de Jean-François, seigneur de Traversay,

que les équipages de ces deux bâtiments étaient déjà gangrenés en grande partie par les principes révolutionnaires que leur avaient inculqués les marchands et autres habitants tarés de cette colonie ; il eût été à désirer, sans doute, que M. de Traversay, officier aussi distingué par ses services que par ses connaissances dans l'art de la marine, eût développé alors la même fermeté qui l'avait glorieusement soutenu contre les Anglais ; mais dans cette critique circonstance son courage parut l'abandonner au point que les factieux ne se contentèrent pas de méconnaître son autorité, ils l'insultèrent encore sur son bord toutes les fois qu'il avait à leur commander quelque chose relative au service du Roi. Aussi, aussitôt après son arrivée à Rochefort, passa-t-il en Russie avec le grade de contre-amiral, et insensiblement nous l'avons vu parvenir à celui de ministre de cette marine impériale...

Le gouverneur général de ces Iles du Vent se nommait M. le baron de Viomesnil[1], homme aussi

ancien capitaine de vaisseau, lieutenant en second à Saint-Domingue (1776) et de Claire du Quesne ; garde de la marine en 1766, capitaine de vaisseau (1786), admis aux honneurs de la Cour (8 février 1878), émigré en Suisse, puis en Russie, où il devient grand amiral de la Mer Noire, ministre de la Marine sous les trois tsars Paul Ier, Alexandre Ier, Nicolas Ier, mort en Russie en 1833. Il avait épousé le 31 août 1783 Marie-Madeleine Besson-Rioulfe, fille de Jean-Joseph, chef d'escadre et de Marie-Madeleine Dières.

1. Joseph-Hyacinthe du Houx, marquis de Vioménil, grand'croix de l'ordre de Saint-Louis (1794), né le 22 août 1734 à Ruppes (Meurthe), de François-Hyacinthe, baron de Belrupt, capitaine au régiment de Limousin, et de Marie-Antoinette Gillet de la Vallée. Successivement

intrépide devant les ennemis de son maître de quelque nature qu'ils fussent que le sujet le plus fidèle et le plus dévoué de son auguste personne; son aspect seul imprimait la terreur parmi les insurgés, et comblait de joie la masse d'honnêtes gens qui ne désiraient que de jouir en paix de leurs biens et enfin, les bons militaires qui servaient sous lui. Mais dans ces temps de malheureuse mémoire, un général de cette trempe ne pouvait conserver longtemps le poste important qui lui était confié; il fut donc remplacé bientôt après et l'instant de son départ de la Martinique fut celui de l'insurrection générale qui y éclata parmi les troupes de ligne et les patriotes; j'aurai occasion de parler ensuite plus au long de cette catastrophe qui mit cette île à deux doigts de sa perte.

lieutenant en second au régiment de Limousin (5 juin 1747), capitaine réformé à la suite aux volontaires de Dauphiné (17 avril 1759), colonel de ce régiment (20 juillet 1761), passé avec le même grade à la Légion de Flandre (1er mars 1763), puis à celle de Lorraine (3 janvier 1770), mestre de camp (29 janvier 1779), maréchal de camp (1er mars 1780), employé à l'armée d'Amérique septentrionale de 1780 à 1782, inspecteur divisionnaire de cavalerie (1re division des Évêchés, 1er avril 1788), gouverneur en second aux Iles du Vent en 1789, émigre en 1791. Il fait toutes les campagnes de l'armée de Condé puis en 1798 (septembre) passe au service de la Russie avec le grade de lieutenant général, commande l'armée russe en Suisse (1799) et le corps russe employé à l'expédition de Hollande (1800). Nommé maréchal général des armées portugaises (avril 1801), il reste en Angleterre de 1801 à 1814. Rentré en France avec les Bourbons, il commanda la 13e division, et fut fait en 1816 pair et maréchal de France. Il mourut le 5 mars 1827. Il avait épousé à Paris (28 avril 1772) Anne-Marguerite Olivier, fille de Jacques-David, écuyer, receveur général des finances à Lyon, et de Anne-Marguerite Lamouroux.

Je reviens à moi : mon premier soin en mettant pied à terre dans cette ville fut d'aller visiter les anciennes connaissances que j'y avais laissées l'année antérieure à celle-ci et dont l'accueil toujours prévenant me fit tant de plaisir. Je dois encore à la reconnaissance de citer dans ce nombre monsieur et madame Tascher de la Pagerie [1] chez lesquels je trouvai accidentellement leur nièce qui depuis a joué un si grand rôle dans nos fastes illégitimes : madame de Beauharnois ; cette femme sans être précisément jolie à cette époque, plaisait par sa tournure, sa gaieté et la bonté de son cœur ; plus occupée d'ailleurs, de se procurer des jouissances auxquelles son âge et ses attraits lui donnaient quelques droits de prétendre, elle frondait assez publiquement l'opinion plus ou moins flatteuse que l'on pouvait avoir sur son compte à cet égard ; mais, comme sa fortune était extrêmement bornée et qu'elle aimait la dépense, elle se trouvait souvent forcée de puiser dans la bourse de ses adorateurs ; cependant, lassée du genre de vie qu'elle menait dans ce pays qui était le sien, elle l'abandonna furtivement sous un déguisement d'homme et passa à l'insu du capitaine de la *Sensible* sur cette frégate au moment même où les

---

1. Robert-Marguerite Tascher de la Pagerie, fils de Gaspard-Joseph, page de la Dauphine, et de Marie-Françoise Boureau de la Chevalerie, né le 5 mars 1740 au Carbet (Martinique), page de la Dauphine (1754), lieutenant de vaisseau, lieutenant des maréchaux à Brest vers 1772, puis capitaine des ports à la Martinique. Il avait épousé en 1770 Jeanne-Louise Le Roux-Chapelle, et mourut à Paris le 15 mars 1806.

insurgés maîtres des forteresses commençaient à faire feu sur ce bâtiment pour l'obliger à retourner en France.

Le 1er décembre, nous fîmes route pour Saint-Domingue. Le 9, nous reconnûmes cette île que nous contournâmes en partie pour aller aux Cayes-Saint-Louis. Le 19, nous mouillâmes à Port-au-Prince. Dans ce vaste bassin, se trouvaient à l'ancre le vaisseau du Roi le *Léopard* (de 74 canons), la frégate l'*Engageante* (de 36) et deux bricks de guerre. M. le marquis de la Galissonnière [1], chef de division des armées navales, commandait ce premier bâtiment et la station de ces îles ; le marquis de la Jaille, capitaine de vaisseau, le second, et les deux derniers l'étaient par MM. de Buissy [2] et Robert de Saint-Vincent, lieutenants de vaisseau.

Le gouverneur général de cette magnifique colonie était alors M. le comte de Peynier, chef d'escadre, qui nous accueillit comme ses enfants. Sa physio-

1. Athanase-Scipion Barin, marquis de la Galissonière, neveu du célèbre lieutenant général des armées navales ; garde de la marine (5 septembre 1755), lieutenant (24 mars 1772), chef de division (1er mai 1786), mort à Avessac (Loire-Inférieure) le 19 septembre 1805.

2. Roland-Marie de Buissy, entré dans la marine royale le 1er avril 1778, enseigne le 6 juillet suivant, lieutenant de vaisseau (1er mai 1786). Émigré, il fait campagne dans l'armée des Princes en 1792. Passé au service de l'Angleterre en 1793, colonel d'un régiment nègre au service de cette puissance du 1er juin 1795 jusqu'en 1798. Rentré au service au retour des Bourbons, il est fait capitaine de vaisseau le 16 juillet 1814 et mis à la retraite le 1er janvier 1816. Chevalier de la Légion d'honneur le 1er septembre 1814. Prévôt de la Haute-Marne le 27 mars 1816.

nomie nous parut altérée par le chagrin et l'ennui de commander à des créoles qui déjà, à l'exemple des membres gangrenés de l'Assemblée Nationale de France, voulaient à tout prix secouer le joug de l'autorité royale; M. de Peynier, dis-je, était un franc et intrépide militaire, aussi étranger aux phrases et aux discours des meneurs de l'assemblée coloniale [de Saint-Domingue] que parfaitement instruit des moyens de les faire rentrer sous terre si telles eussent été ses instructions; mais comme elles était opposées diamétralement, il avait été forcé d'éprouver de leur part [des créoles de Saint-Domingue] des vexations si incompatibles avec la dignité de sa place qu'il avait supplié Sa Majesté d'y nommer un autre officier général beaucoup plus endurant que lui; toutefois, à quelques petites émeutes près, la ville du Port-au-Prince jouissait alors de quelque tranquillité. Mais l'orage qui menaçait au loin et qui chaque jour approchait davantage aurait dû au moins réveiller l'attention de la partie saine de ces Américains qui s'endormirent à l'ombre de ce calme apparent et furent subitement ensuite surpris par la plus épouvantable des tempêtes...

Nous crûmes devoir répondre, quant à nous, aux instances obligeantes de quelques créoles : MM. Brisoton, Cotte, Roland, et Bouguereau, dont les habitations étaient extrêmement rapprochées du mouillage où nous étions; je dois le dire, nous fûmes traités à merveille, quoique les amis et les parents même de ces colons eussent eu à se plaindre de la conduite un

peu légère de plusieurs officiers de la marine nos
devanciers à l'égard de leurs femmes. Leurs habitations, dis-je, ont peu d'apparence extérieure; la
fréquence des tremblements de terre a obligé ces
Américains à ne les composer que d'un rez-de-
chaussée aussi vaste et aussi commode que leurs
besoins et leur goût particulier pour le luxe peuvent
l'exiger; celles des noirs, leurs esclaves, s'appellent
cases; elles sont toujours fort rapprochées de ces
premières, parce que leurs maîtres se trouvent
ainsi à portée de les surveiller sans se fatiguer
beaucoup.

De nos jours les idées de liberté et d'une philanthropie destructrice ont tellement renversé l'ordre
social, qu'il serait imprudent de ne pas applaudir à
la suppression de la traite de ces Africains plus
malheureux sans doute dans leur patrie que dans
nos colonies et enfin de ne pas admirer un gouvernement qui, par une bonté toute nouvelle, prononce
leur émancipation dans l'île de Saint-Domingue.
Cependant, j'oserai demander aux personnes qui ont
provoqué cette émancipation, s'ils ont agi à cet
égard pour un motif pur et sincère de soulager ces
êtres infortunés sans lesquels cependant nous devons
renoncer à tous nos établissements en Amérique? ou
si c'est par l'impuissance de les faire rentrer sous
l'obéissance de la métropole? Dans le premier cas
j'assure positivement que ces misérables forcés,
comme ci-devant, de cultiver la terre sous la domination de leurs semblables en couleur devenus leurs

maîtres après avoir égorgé les leurs, sont bien plus dignes aujourd'hui de pitié que lorsqu'ils étaient sous celle des blancs ; il en est de ces derniers [les noirs devenus propriétaires] comme de nos valets auxquels la fortune a souri : ne rendent-ils pas malheureux tous ceux qui les servent? Quant au second cas, j'avoue franchement que je ne puis concevoir comment un gouvernement fort de ses richesses et de son immense population ait pu manifester aussi publiquement qu'il n'avait à sa disposition ni assez d'hommes, ni assez d'argent, ni enfin assez de vaisseaux pour tenter au moins de reconquérir une colonie dont les produits vivifiaient jadis son commerce et entretenaient sa marine militaire... Il me reste encore un mot à dire sur la nature de ces noirs qui ont excité tant d'intérêt en Europe et dont la misère s'est accrue par suite de ce même intérêt. Ces gens-là présentent un assemblage extraordinaire de vices et de vertus; j'en ai vu sacrifier généreusement leur vie pour sauver celle de leurs maîtres, j'en ai vu d'autres empoisonner des ateliers entiers pour le plaisir de s'en venger ; ils vont à la mort de sang-froid, la demandent souvent, persuadés que leur existence dans un autre monde sera moins affreuse que dans celui-ci. Et combien d'entre eux ne se la donnent-ils pas, imbus de cette idée aussi funeste pour eux que pour celui auquel ils appartiennent.

(*Mai 1790.*) Déjà à cette époque les commandants des différents grands bourgs de cette île sollicitèrent

auprès de M. le gouverneur général des détache-
ments de troupes de ligne pour réprimer l'audace
toujours croissante des gens de couleur et de certains petits blancs qu'à bon droit on devrait nommer
écume de canaille; en conséquence je reçus l'ordre
d'embarquer de suite cinquante hommes du régiment de Port-au-Prince et de les conduire au Petit
Goave où l'insurrection paraissait prendre un caractère sérieux; mais à peine arrivé dans ce port où
je trouvai le brick du roi l'*Espoir*, commandé par
M. de Fabry, lieutenant de vaisseau, j'appris que
cette insurrection était apaisée et que la présence
des troupes que j'y avais transportées devenait inutile; je devais les reconduire au Port-au-Prince. Mais
pendant le peu d'instants que j'employais à cette
expédition, le vaisseau le *Léopard* sous les ordres de
M. le marquis de la Galissonnière et la corvette la
Blonde commandée par M. le comte de Rafféllis de
Broves[1], major de vaisseau, l'un et l'autre venant du
Cap Français, étaient entrés au Port-au-Prince, le
premier de ces bâtiments pour y reprendre sa station
ordinaire et le second pour aller prendre celle de
Terre-Neuve conjointement avec le brick l'*Espoir*

---

1. Joseph-Barthélemy de Rafélis, comte de Broves, né à Anduze
(Gard) le 23 avril 1753 de Jean-François et de Élisabeth de Nourgues.
Garde de la marine (15 juin 1767), enseigne (1er octobre 1773), lieutenant de vaisseau (12 mars 1779), chevalier de Saint-Louis (avril 1780),
capitaine de vaisseau (1er novembre 1782), major de vaisseau
(1er mai 1786), émigre en 1792 et sert dans l'armée des Princes. Mis à
la retraite après avoir repris du service en 1814, avec le grade de contre-
amiral (1816).

que je venais de quitter; je m'étais flatté non sans
motifs que M. de la Galissonnière me confirmerait
dans le commandement de la corvette la *Levrette*[1]
qui depuis la longue maladie du chevalier de la
Bourdonnaye avait été provisoirement sous mes
ordres et qu'il accéderait à cet égard aux désirs du
gouverneur général et du marquis de la Jaille. Mais
je fus trompé dans mon attente, parce qu'il était
d'usage dans la marine que le plus ancien officier
de la division ou escadre devait, en cas de décès de
l'un de ses capitaines, le remplacer; en conséquence
M. Scott, lieutenant de vaisseau, fut nommé à ma
place et le même jour je passais sur la corvette la
Blonde[2]. Il m'en coûta beaucoup de me séparer de
mon petit état-major et de mon équipage dont je
n'avais eu qu'à me louer.

Le 11 juin nous quittâmes le mouillage du Port-
au-Prince pour nous rendre à celui de Saint-Pierre et

1. La *Levrette* était un brick de 18 canons de 6 et 90 hommes d'équipage dont l'état-major était le suivant en septembre 1789, époque à
laquelle le chevalier de Valous avait été embarqué sur ce bâtiment à
Brest. Le chevalier de la Bourdonnay-Boishulin, lieutenant de vaisseau
(mort aux Iles du Vent, le 23 mai 1799), commandant; le chevalier de
Valous, lieutenant de vaisseau, commandant en second, le chevalier
de France, lieutenant de vaisseau, M. La Coudray, sous-lieutenant de
vaisseau, le chevalier de Gouyon de Thaumatz, élève de la marine de
1re classe, M. de Prévalon, élève de la marine de 1re classe, Le Breton,
chirurgien-major.

2. Corvette de 18 canons de 8, 130 hommes d'équipage, commandant,
le comte de Rafélis de Broves major de vaisseau, les lieutenants de vaisseau Colas de la Baronnais, de Valous, de Bardel de Mereuil et de Terres,
les élèves de la marine de 2e classe Hatte de Longuerue, Onffroy, du
Rey de Noinville, Bourgeois de Boynes et de Michel.

Miquelon. Le 4 juillet nous jetâmes l'ancre dans la rade de Saint-Pierre où déjà étaient arrivés les bricks l'*Espoir* et l'*Expédition*, ce dernier sous les ordres de M. Chapelon de Villemagne, lieutenant de vaisseau. La saison était trop avancée pour qu'il fût permis à M. de Broves de donner quelques instants de répit à ses équipages; il ordonna donc aux deux capitaines de Fabry et de Villemagne de se rendre sans délai et suivant l'ancien usage dans les différents ports de cette côte, où étaient momentanément établis nos pêcheurs de morue et lui-même, après avoir terminé à la hâte quelques affaires particulières à cet établissement, se dirigea sur le havre du Croc que ses devanciers avaient l'habitude de fréquenter à peu près à la même époque. Le 18, nous y arrivâmes sans événements extraordinaires, mais bientôt après la tranquillité apparente dont nous avions joui sur ce vaisseau fut altérée par une insurrection qui y éclata, et dont le commis aux revues, le chirurgien-major, et le pilote, tous trois dignes membres du trop fameux club de Brest, étaient les chefs; dans cette circonstance fâcheuse, M. de Broves qui déjà avait été la victime de cette malheureuse engeance à Toulon et qui craignait peut-être que celle de Brest n'imitât un jour le même exemple à son égard, employa alors tous les moyens de douceur et de modération qui formaient la base de son caractère, pour calmer cette effervescence et il en vint à bout pour le moment. Mais ses officiers furent bien loin d'admirer cette façon d'agir avec des gens qui ordinairement ne sont forts que de la faiblesse des autres ; en un mot ces factieux reprochaient vivement à M. de Broves d'avoir laissé débarquer de son bord au Port-au-Prince deux personnes de son état-major : MM. Lhermite, sous-lieutenant de vaisseau et Desloges [1], ancien capitaine de brûlot, devenu lieutenant de vaisseau par l'ordonnance de 1786, zélés partisans de la Révolution et de les y avoir fait remplacer par deux autres lieutenants de vaisseau qui en étaient les ennemis déclarés : M. de Bardel [2] et moi. Nous fûmes tous deux indignés de nous être trouvés ainsi exposés aux vociférations et aux insultes qui nous avaient été adressées si directement, sans qu'aucune peine ne s'en fût résultée et dès lors nous dûmes chercher quelques nouveaux moyens d'en avoir raison à l'insu de notre capitaine dont nous ne voulions pas compromettre l'existence. Un de ces moyens se présenta bientôt et nous ne le laissâmes pas échapper. Le voici : Les trois personnages cités ci-dessus avaient contracté l'habitude d'aller se promener ensemble au bord des bois qui

1. Guillaume-Sébastien-Mathieu Desloges de Keropart, né à Saint-Renan (Finistère) le 11 mars 1747, fils de Guillaume et de Anne-Jeanne Mazeau; aspirant à Brest (1er mai 1767), aide de port (1774), enseigne (1778), capitaine de brûlot (1779), lieutenant de vaisseau (1784), retiré du service en 1792.

2. Ignace-François-Xavier de Bardel, fils de Jean-Nicolas et de Marie-Madeleine Chiappe, né le 24 avril 1765 à Saint-Jean d'Héraut (Isère), successivement cadet gentilhomme à Perche-Infanterie (6 mai 1780), garde de la marine (1er juin 1781), élève de 1re classe (1er mai 1786), lieutenant de vaisseau (6 mars 1792), émigre, capitaine de frégate lors de la rentrée des Bourbons (31 décembre 1814).

avoisinaient celui de la mer et quelquefois d'y pénétrer lorsque quelque passage moins touffu se présentait devant eux. Un jour qu'ils se promenaient ainsi,
nous descendîmes à terre et, en doublant les pas, nous
les joignîmes dans ces lieux solitaires d'où nous ne
pouvions être vus ni entendus de qui que ce fût.
« Nous venons vous demander, messieurs, leur dîmes-
nous, une satisfaction complète, que l'indignité de
votre conduite envers nous, nous force d'exiger, nous
sommes heureusement sans témoins et c'est précisément ce que nous désirons. » Ces gens-là qui ne
s'attendaient pas à une aventure de ce genre et qui
ne pouvaient alors réclamer l'assistance de leurs
affidés, protestèrent de leur innocence à avoir été les
principaux moteurs de la dernière émeute, ajoutèrent même qu'ils en avaient été extrêmement peinés
et que pour nous prouver la vérité de ce qu'ils
avançaient, ils contractaient envers nous l'engagement d'éviter toutes les occasions qui pourraient
donner lieu de les soupçonner d'un pareil crime.
Cette rétractation un peu obligée, nous parut suffisante, ils tinrent effectivement leur parole et nous
fûmes tranquilles le reste de cette campagne.

Le 5 septembre, après avoir terminé les affaires
concernant l'état de la pêche faite sur les différentes
côtes de cette île, nous retournâmes à Saint-Pierre;
en y arrivant nous apprîmes que le capitaine du
brick l'*Espoir*, M. de Fabry, avait été sur le point
d'être assassiné par une partie de la canaille marchande qui l'habite pendant six mois de l'année et

qu'il n'avait dû son salut qu'à un déguisement bur-
lesque que quelques personnes honnêtes purent lui
procurer afin de rejoindre son vaisseau; cet événement fâcheux détermina M. de Broves à le faire
partir le plus vite possible pour Rochefort et lui-
même fit ses préparatifs pour retourner à Brest. Le
27 octobre nous sortîmes de la rade de Saint-Pierre
pour aller directement à Brest où nous arrivâmes le
14 novembre après une traversée qui fut heureuse et
tranquille. Nous y fûmes aussitôt informés que
M. de la Galissonnière s'était maladroitement laissé
expulser de son vaisseau le *Léopard* par son équipage corrompu par les députés de l'assemblée coloniale de Saint-Domingue, jaloux de venir en France
coopérer aux nobles travaux de nos trop fameux
représentants qui par une bizarrerie rare les reçurent
fort mal. Il m'est pénible d'avouer ici qu'un officier
de l'état-major de ce vaisseau fut assez lâche pour
en accepter le commandement et le conduire en
France; il est vrai qu'il était créole de Saint-
Domingue et qu'il siégeait avec ces factieux. Il se
nommait le baron de Santo-Domingo[1], lieutenant
de vaisseau. Cet événement d'une nature inconnue
dans les fastes de la marine royale et qui était

1. Balthazar, baron de Santo-Domingo, entré au service en 1770,
enseigne en 1777, lieutenant en 1781, demande en février 1792 sa mise
à la retraite avec une pension de 1 000 écus. Il semble avoit été en dis-
ponibilité depuis 1790, et avoir entretenu des rapports avec les partisans des idées nouvelles avec d'ailleurs plus ou moins de succès. Il
mourut en 1839.

resté impuni malgré les plus fortes représentations de ses principaux membres détruisit totalement le pouvoir des officiers de ce corps sur leurs équipages.

Nous trouvâmes en rade beaucoup de bâtiments de guerre armés en grande partie et se disposant à se mettre en mer aussitôt qu'une déclaration de guerre entre l'Angleterre et la France aurait eu lieu; l'escadre qu'ils composaient avait été jusqu'alors commandée par M. d'Albert de Rions [1], général brave fidèlement attaché à son prince, et dont le courage et la fermeté dans ces moments de malheureuse mémoire avaient attiré sur sa tête la haine et la vengeance des anarchistes dont cette ville était remplie; cependant après avoir en vain lutté contre eux, et abandonné par son gouvernement au lieu d'en être secouru, il s'était vu forcé de quitter ce poste éminent et de renoncer pour toujours au service du Roi; M. de Bougainville [2], chef d'escadre,

1. François-Hector d'Albert, comte de Rions. Né à Avignon le 19 février 1728, de François et de Catherine Lachaud; garde de la marine le 26 décembre 1743, enseigne (1er avril 1748), lieutenant de vaisseau le 15 mars 1756, capitaine de frégate (15 novembre 1771), capitaine de vaisseau (18 février 1772), major d'infanterie de marine (1er décembre 1776), major de marine (1er mars 1780), directeur général du port de Toulon (16 juillet 1784), chef d'escadre (1er janvier 1792), admis à la retraite le 2 juillet 1802, mort le 3 octobre suivant. Il avait été fait chevalier de Saint-Louis le 19 mars 1763 et commandeur le 20 août 1784.

2. Louis-Antoine de Bougainville, né à Paris le 11 novembre 1729, mort le 31 août 1811, fils d'un notaire, d'abord avocat au Parlement. En 1752 il publie un traité sur le calcul intégral. En 1754, secrétaire d'ambassade à Londres. En 1756, capitaine de dragons et aide de camp

partit aussitôt de Paris pour venir l'occuper. Cet officier général, zélé partisan du nouvel ordre de choses, avait de l'esprit, des manières affables, une grande facilité à s'exprimer en public, surtout lorsqu'il n'avait que des choses agréables à dire. Mais la grande faiblesse qu'il déploya au moment de l'insurrection générale qui éclata peu après son arrivée ici, le rendit l'objet du mépris de tous ses subordonnés et l'obligea à rester froid spectateur des scènes épouvantables qui se passaient sous ses yeux; chaque régiment en garnison dans cette cité avait son club particulier, chaque vaisseau avait aussi le sien et tous étaient soumis à celui de Brest qui en dirigeait les mouvements. De là la moindre peine infligée à un soldat ou à un matelot pour avoir manqué essentiellement à son devoir était regardée comme un crime et souvent même l'officier qui l'avait ordonnée en devenait la victime. En un mot, insulter publiquement des officiers généraux et particuliers, les menacer de les assassiner ou de les jeter dans la mer, étaient des propos journaliers qu'il fallait entendre sans avoir le droit de s'en plaindre et c'est dans cet état incroyable de confusion, d'anarchie et de folie qu'on se préparait à faire la guerre à l'Angleterre. Heureusement pour le corps

de Montcalm au Canada. En 1761, se distingue sur le Rhin. En 1763, fait capitaine de frégate, il va organiser les Iles Malouines ou Falkland. De 1766 à 1768, il fait autour du monde un voyage qui le rend célèbre. Participe à la guerre d'Amérique, vice-amiral en 1791, membre de l'Institut (1796), fait partie du sénat impérial sous Napoléon Ier.

de la marine, cette guerre n'eut pas lieu. Au moment même où on annonça officiellement que les difficultés qui existaient entre l'Espagne, la Grande-Bretagne et la France étaient aplanies, M. le comte d'Hector [1], commandant général de ce département, dépêcha deux de ses officiers auprès du Roi pour le supplier de vouloir bien agréer la démission générale des marins militaires sous ses ordres. Sa Majesté accueillit avec une bonté paternelle ces deux émissaires mais elle s'obstina fortement à ne pas accéder à leur sollicitation. Je dois transcrire ici les propres expressions dont se servit cet infortuné monarque à cet égard : « Retournez sans délai, messieurs, au lieu d'où vous êtes partis, il y va de votre vie si l'on parvient à connaître le motif qui vous a conduits auprès de moi; un jour peut-être... je pourrai reconnaître cet attachement précieux que vous m'avez témoigné dans tous les temps et particulièrement dans celui-ci; j'insiste donc dans ma première volonté et s'il le faut, j'ordonne que mes fidèles marins restent à leur poste. » Cependant, Sa Majesté

1. Charles-Jean, comte d'Hector, fils d'un enseigne de vaisseau, né le 24 juillet 1722 à Fontenay-le-Comte, garde de la marine (1er janvier 1741), aide d'artillerie (1er janvier 1746), sous-aide-major de marine (1er septembre 1752), lieutenant de vaisseau (11 février 1756), capitaine de vaisseau (26 avril 1760), chevalier de Saint-Louis (15 janvier 1762), commandeur de Saint-Louis (18 mai 1762), major de la marine à Brest (1er janvier 1770), major de la marine et armées navales (1er janvier 1775), chef d'escadre (4 mai 1779), directeur général du port et arsenal de Brest (25 décembre 1779), commandant de la marine à Brest (1er février 1781), lieutenant général (14 août 1782), mis en congé sur sa demande le 6 février 1791.

ne se contenta pas de cette réponse verbale, elle en écrivit de sa main aux commandants généraux de ses départements dans des termes si touchants, si remplis de cette dignité imposante que donne le malheur, que nous nous résignâmes à souffrir de nouveau dans l'attente d'un avenir plus malheureux encore !...

Je passe sous silence cette multiplicité d'outrages sanglants que nous eûmes encore à essuyer pendant le tardif désarmement de la majeure partie des vaisseaux de guerre dont cette escadre se composait ; ils furent poussés à un tel point que chacun de nous se vit forcé de se munir dans son domicile d'une quantité de poudre plus que suffisante pour le faire sauter en cas de besoin. Cette mesure désespérée nous assura quelques moments de tranquillité, elle répandit l'alarme parmi les habitants et plus particulièrement chez ceux chez lesquels nous logions ; le club enfin cédant à leurs remontrances sur le danger éminent qu'ils couraient ordonna que nous fussions traités moins sévèrement et que nos subordonnés eussent à se soumettre comme ci-devant à nos ordres, mais ce grossier palliatif ne pouvait être de longue durée. Ceux d'entre nous auxquels il restait quelques moyens d'existence, soit par leur famille, soit par eux-mêmes et dont le service était achevé dans ce port se retirèrent. Mais ceux qui, comme moi, ne jouissaient pas des mêmes avantages dans ce moment critique, prirent le parti de s'embarquer sur les différents bâtiments de guerre destinés pour nos colonies d'Amérique. Dans cette circonstance je fus assez heureux pour passer sur la frégate la *Didon* [1], dont je connaissais particulièrement le capitaine et la majeure partie de ses officiers. J'y fus embarqué le 16 décembre [1790].

1. La *Didon* portait 44 canons de 18 et de 8 et son état-major se composait alors du capitaine de vaisseau commandant, commandeur de Pavé de Villevielle, du chevalier de Gras Préville, puîné, lieutenant de vaisseau, des chevaliers d'Assas, de Valous, Fouray de Salimbeni, lieutenants de vaisseau, Mottet sous-lieutenant de port, du Coudroy sous-lieutenant de vaisseau, d'un commis de la marine, un aumônier, et un chirurgien-major, de quatre élèves de la marine : Potier de Courcy, de Mandat, Genest de Pusol et Ouiquet de Bienassis et enfin de cinq volontaires de la marine : d'Espinose, de Saint-Aubin, Péan de Saint-Giles, de Boishardi, et Teillard.

CHAPITRE III

PRÉLUDES RÉVOLUTIONNAIRES

L'agitation commence à la Martinique. — Escarmouches entre mulâtres
et petits blancs. — Incident de la cocarde tricolore. — La révolte
gronde à Saint-Pierre. — Les vaisseaux de la station prêtent main-
forte aux planteurs contre la municipalité.

L'Assemblée Nationale s'occupait alors de donner
à la France régénérée à sa manière un pavillon dont
les couleurs répondissent à celles que chaque citoyen
était forcé de porter sur lui, comme un signe authentique de sa nouvelle dignité, car selon elle, les Français jusqu'à cette mémorable époque n'avaient été
que des serfs et leurs plus grands rois que des
tyrans et des imbéciles; elle s'occupait aussi à
envoyer des forces de terre et de mer dans nos Iles
du Vent que la gangrène révolutionnaire aurait
englouties comme celles de dessous le Vent [Saint-
Domingue était la principale d'entre elles] sans la
bravoure des habitants de la Martinique aidés de
quelques gens de couleur libres, sans, dis-je, la fermeté

de M. le vicomte de Damas [1] leur digne gouverneur
général qui, avec une poignée de soldats fidèles (des
grenadiers et chasseurs du régiment colonial de la
Martinique), s'était formé une petite armée qui força
les factieux à quitter la campagne qu'ils parcouraient
la torche à la main pour la ravager et la piller et de
se concentrer dans la forteresse du Fort-Royal que
d'autres soldats rebelles leur avaient livrée. Ces factieux étaient sous les ordres de M. Grand-Maison, qui
de marchand de liqueurs s'était fait général. Je suis
forcé de parler ici de cet homme dont j'avais connu la
jolie famille et qu'une ambition désordonnée détruisit
complètement. Grand-Maison, dis-je, aimant singulièrement le faste et le plaisir, avait, non seulement
employé sa fortune à assouvir ces deux passions, mais
même celle de plusieurs autres personnes qui avaient
en lui une confiance aveugle. La Révolution se présente, il croit trouver en elle les moyens de faire face

1. Charles-Claude de Damas-Marcillac, né le 20 janvier 1731 de Roger-
Joseph, marquis de Damas du Roussel, chevalier de Saint-Louis, lieutenant de vaisseau et de Marie-Marguerite de Trémolles de Barges,
chevalier non profès de Malte, chevalier de Saint-Louis, successivement enseigne au régiment de Talaru (1er janvier 1748), lieutenant
(17 février 1752), aide-major, capitaine, major, il fit campagne en Alle-
magne de 1757 à 1760, blessé à Minden en 1759. Lieutenant-colonel puis
colonel au régiment de Beauce (1769), passé aux régiments provinciaux
de Dijon et d'Auxerrois (1771, 1776), brigadier le 27 octobre 1778 à
l'occasion de la prise de la Dominique. Séjourna à la Martinique de
1778 à 1782, maréchal de camp le 5 décembre 1781, gouverneur de la
Guadeloupe (29 mars 1782), puis de la Martinique. Il avait épousé à
Paris, le 22 avril 1773, Marie-Antoinette-Macrine de Montcalm-Gozon
fille de Louis-Joseph, le défenseur du Canada, et d'Angélique-Louise
Talon du Boulay.

à ses engagements; il la suit en affichant hautement
des principes dangereux qui augmentèrent en raison
de l'impunité. Son premier coup d'essai fut de s'emparer par une lâche trahison du fort Bourbon qui
domine celui de Saint-Louis, de là l'évacuation
forcée de ce dernier et la nécessité d'évacuer aussi
la place du Fort-Royal pour tenir la campagne.
Enhardi par ce premier succès, Grand-Maison crut
devoir tenter d'autres aventures plus périlleuses et
dont la réussite lui aurait assuré la possession entière
de cette île. En conséquence il se détermina d'aller
attaquer les différentes redoutes que défendaient les
habitants avec leurs propres forces. Mais ici son
audace et sa tactique échouèrent devant une poignée
d'hommes déterminés à vendre bien cher leur vie;
il fut repoussé avec perte et bientôt forcé de rentrer
dans la citadelle d'où il était sorti, afin d'y attendre
avec plus de sûreté les nouveaux renforts que la Guadeloupe lui annonçait. Ces renforts se composaient
de soldats insurgés du régiment de la Guadeloupe,
de nègres, de la canaille blanche et d'officiers marchands. Ces secours étant arrivés quelques jours
après, il se mit de nouveau en marche dans l'espoir
de surprendre et d'écraser son ennemi campé çà et
là dans la plaine du Lamentin. Les habitants avaient
alors à leur tête un créole, propriétaire qui n'avait
jamais servi dans les armées du Roi et qui cependant
avait quelque idée de la tactique militaire. L'approche de cette bande considérable d'assassins qu'il
avait à combattre avec des gens qui comme lui

n'avaient aucune idée de la guerre, ne ralentit point son courage, il les attendit de pied ferme, les battit et les força de rentrer au fort Bourbon. L'heureux succès de cette bataille mémorable, joint à celui qu'avait obtenu M. Sotter en défendant le poste important du Gros-Morne sans l'assistance d'aucune troupe de ligne, confirmèrent chez M. de Damas l'opinion avantageuse qu'il s'était faite sur les habitants de cette colonie. Dès lors il prit le parti de faire avec ses troupes le blocus de ce même fort Bourbon où les vivres commençaient à manquer. Dans cette circonstance les fidèles Martiniquais vinrent se ranger sous ses ordres et parvinrent à cerner leur ennemi de si près qu'il lui était impossible d'être ravitaillé d'aucun côté. Enfin c'est au moment où les rebelles se virent près d'être forcés de se rendre à discrétion qu'ils virent arriver les forces de France après lesquelles ils soupiraient depuis longtemps. Ils avaient la ferme conviction que l'Assemblée Nationale ne les envoyait que pour les unir à eux, et faire main basse sur tout ce qui avait pris les armes contre la liberté ; de là les cris de joie qu'ils faisaient entendre, et les vociférations les plus horribles contre les assiégeants. J'ai dû donner ici une faible esquisse de la situation de cette colonie avant d'y arriver afin de mieux faire connaître la nouvelle position critique où devaient se trouver les officiers de la marine royale embarqués à bord de vaisseaux de guerre destinés à transporter un grand nombre

de soldats sans discipline et animés du désir
de piller[1].

La nouvelle de la prise de la Bastille et la promulgation de la Déclaration des Droits de l'homme et du citoyen
arriva aux Iles du Vent à la fin d'août 1789. Si les campagnes restèrent calmes en général, il n'en fut pas de même
à Saint-Pierre de la Martinique où la populace ameutée
commença de parcourir les rues de la ville en vociférant
contre le gouverneur, les officiers et les planteurs. Foullon[2] l'intendant fut acclamé (il était l'adversaire du gouverneur et des officiers) et les petits blancs arborèrent la
cocarde tricolore. Ensuite les noirs de la ville et des plantations environnantes cédèrent à leur tour à la contagion
de l'exemple, adhérèrent à la révolte, et, le 30 août, envoyèrent à M. de Vioménil (gouverneur général par intérim,
en l'absence du gouverneur général M. de Damas, alors
en congé de santé en France), à l'intendant Foullon, l'autre
représentant de l'exécutif, et à M. de Molérat[3], comman-

1. Nous avons cru nécessaire de compléter ici par des renseignements
puisés aux archives anciennes de la Marine (aux Archives nationales)
et dans les 'deux gros volumes de correspondances et papiers de
M. de Damas (Bibl. Nat. Ms. nouv. acq. fr. 23 075 et 23 076) les souvenirs du chevalier de Valous (note de l'éditeur).

2. Eugène-Joseph-Stanislas Foullon d'Écotier, chevalier, maître des
requêtes, intendant des Iles du Vent, fils du contrôleur général des
finances Foullon, pendu par le peuple de Paris au lendemain de la prise
de la Bastille.

3. Pierre-Auguste de Molérat, né le 28 février 1741 à Moutier-sur-Saux
(Meuse), lieutenant aux régiments de Piémont (1757), Angoumois (1762),
capitaine en 1767, il passe à la Légion de Saint-Domingue en 1769;
capitaine-major au régiment de la Guadeloupe (1773), lieutenant-colonel
et chevalier de Saint-Louis en 1779, il fut nommé commandant de la
ville de Saint-Pierre de la Martinique le 3 janvier 1788. Commandant
en second de la Martinique (28 avril 1790), il assuma le commandement
en chef de cette île après le départ de son gouverneur général M. de Béhague (11 janvier-15 février 1793). Nommé commandant en second des

dant pour le Roi à Saint-Pierre une proclamation ainsi conçue : « Nous savons que le Roi nous a rendus libres et si l'on résiste à nous rendre la liberté, nous mettrons toute la colonie à feu et à sang; il n'y aura d'épargné que le Gouvernement et les maisons religieuses.

» *Signé* : Nous tous les nègres[1]. »

Après quoi ces insurgés tentèrent de s'emparer du fort Saint-Louis; mais leurs efforts restèrent vains. Un groupe de trois cents noirs se dispersa alors dans le pays, pillant et dévastant les propriétés et les plantations. La milice réunie à la hâte et efficacement soutenue par les planteurs et les quelques troupes de M. de Vioménil, organisa aussitôt des battues et fit des exemples sévères. Au début de septembre tout était rentré dans le calme. A Saint-Pierre même le gouverneur avait fait preuve d'énergie en interdisant le port de la cocarde tricolore « afin d'écarter de la vue des esclaves tout ce qui pourrait leur rappeler des idées d'indépendance ». Mais bientôt la nouvelle se répandit que le gouverneur, les officiers et les habitants de Sainte-Lucie avaient arboré « la cocarde ». Pour éviter d'autres mouvements le gouverneur, qui venait de recevoir des remontrances de France, décida d'autoriser le port de la cocarde tricolore à Saint-Pierre et au Fort-Royal.

La tranquillité publique n'en resta pas moins très précaire. M. de Vioménil ayant, dans un banquet, donné l'accolade à un mulâtre et ordonné aux soldats de regarder les hommes de couleur comme des « camarades », les petits blancs virent dans ce geste un affront et un attentat au privilège des blancs. Des troubles éclatèrent aussitôt à Fort-Royal et les « partisans de l'humanité émancipée

Iles du Vent par Rochambeau en 1793, il fut fait prisonnier en même temps que ce général en 1794 et emmené avec lui aux États-Unis d'où il repassa en France en 1799. Il fut commandant de la place de Toul de 1799 à 1814.

1. *Moniteur* du 9 janvier 1790, n° 9, p. 39.

et régénérée » entreprirent de massacrer les mulâtres qui aussitôt s'organisèrent et rendirent coup pour coup.

La ville de Saint-Pierre participa au mouvement. M. de Vioménil, qui avait réuni d'urgence l'assemblée coloniale, lui présenta sa justification, qu'elle refusa d'examiner par égard pour le représentant du Roi. Elle se sépara après avoir convoqué une assemblée générale de la colonie chargée de nommer des députés à l'Assemblée Nationale et de rédiger des cahiers. De son côté, le comité de Saint-Pierre adressa à l'Assemblée Nationale un mémoire contre le gouverneur et tenta de prendre en mains la police de la ville en créant une garde nationale. Le commandant de la ville pour le Roi, M. de Molérat, et le comte de Launay, commandant en second de la Martinique, s'y opposèrent malgré les intrigues de l'intendant Foullon. Le 16 novembre 1789 enfin, l'assemblée générale de la colonie fut réunie; le 23, elle vota un règlement de trente articles organisant les municipalités, promulgua des décrets tendant à améliorer la condition des hommes de couleur et à réorganiser la maréchaussée; le 3 décembre suivant, elle décida que les administrateurs seraient suppliés d'ouvrir aux étrangers cinq ports de la colonie : Saint-Pierre, Fort-Royal, La Trinité, le Marin et le Français; puis passant outre les hésitations du gouverneur[1], les remontrances de Foullon et les violentes protestations de Saint-Pierre, elle rendit son arrêt exécutoire. Enfin après avoir secondé le gouverneur dans sa lutte contre Saint-Pierre, et lui avoir accordé son appui dans la réorganisation de la police et l'interdiction faite aux habitants de porter l' « uniforme » (de garde national) elle commença l'examen des comptes de Foullon[2];

1. Le gouverneur finit par accorder cette ouverture, très avantageuse aux colons sinon aux commerçants de France dont elle abolissait le monopole, pour quatre mois.

2. C'était là une attribution très ancienne de l'assemblée coloniale qui ne manquait pas chaque année de l'exercer avec un soin jaloux.

ces comptes ayant été jugés suspects, les receveurs en fonctions furent destitués et l'assemblée présenta un de ses membres : M. Blanchetière, pour la recette principale de tous les droits. Après avoir révoqué les députés nommés à Paris par les planteurs résidant dans la capitale, l'assemblée coloniale se sépara le 10 janvier 1790, non sans s'être ajournée au 25 février et avoir nommé pour la suppléer un « comité intermédiaire ». Entre temps M. de Vioménil avait proclamé la loi martiale dans toute la Martinique. Mais l'intendant, auquel il avait négligé de demander sa sanction, s'opposa à l'impression de la déclaration de l'état de siège. Apprenant l'incident, le peuple de Saint-Pierre prit les armes et se transporta au greffe de la sénéchaussée pour demander qu'on lui communiquât la déclaration. Le registre fut lacéré par la foule, et la ville adressa une protestation au gouverneur contre la promulgation de la loi martiale. L'agitation gagna alors les troupes ; la compagnie en garnison dans la ville voulut examiner les comptes de son officier « de gestion » et, comme celui-ci refusait, les soldats se saisirent de sa personne et nommèrent un comité pour administrer la caisse.

Le 21 février 1790, deux officiers du régiment de la Martinique, les sieurs du Boullay et de Malherbe, capitaines au 2e bataillon (récemment arrivé de Sainte-Lucie pour remplacer le 1er bataillon que le gouverneur général ne considérait plus comme sûr), s'étant rendus à la comédie sans cocarde, les spectateurs fort excités par de nombreuses libations (on était au dimanche gras), les sommèrent d'arborer l'insigne national ; sur leur refus un échevin de Saint-Pierre intervint auprès d'eux, mais ils déclarèrent qu'ils n'avaient à recevoir d'ordres que de l'autorité militaire. M. de Launoy, présent dans la loge du gouverneur, leur commanda alors, pour éviter le scandale, de mettre la cocarde tricolore, ce qui fut fait. Le lendemain, 22 février, le capitaine du Boullay se promenait sur le port accompagné de huit autres officiers portant comme lui la cocarde tricolore et menaçant « de couper les oreilles au premier citoyen de Saint-Pierre qu'ils rencontreraient sans cette b... de cocarde ». Ils ne tardèrent pas à trouver un prétexte de querelle et, prenant à part des jeunes gens de la ville, ils échangèrent des cartels. Un duel fut projeté dans les fossés devant la caserne entre quatorze officiers du régiment de la Martinique et quatorze citoyens de Saint-Pierre. Les deux partis furent fidèles au rendez-vous, et vers deux heures de l'après-midi, ils se rencontrèrent à l'endroit fixé. La foule s'était portée sur le lieu du combat et proférait des menaces contre les officiers. Entendant cela, les soldats du régiment crurent leurs chefs menacés, prirent les armes et se préparèrent à la bataille. M. de Malherbe, capitaine en second, intervint à temps pour empêcher que l'on tirât sur le peuple. Cependant les meneurs des clubs, profitant de l'émotion, entraînèrent leurs hommes (auxquels s'étaient joints des marins de bateaux marchands) du côté des casernes, qu'ils tentèrent en vain d'enlever d'assaut. De là les émeutiers se portèrent devant l'hôtel du commandant de la ville pour réclamer impérieusement qu'on leur livrât les deux officiers. Pour les calmer, on leur jeta les habits de ces derniers qu'ils mirent en pièces... Le 23, ces officiers se rendant à l'Hôtel de Ville, les insurgés se saisirent de leurs personnes et les embarquèrent sur les *Deux Cousines*, navire marchand en partance pour la France. Sur ce, M. de Launoy ayant quitté Saint-Pierre avec le régiment de la Martinique pour tenir garnison au Fort-Royal, M. de Molérat, gagné à la cause des insurgés, se joignit à l'intendant Foullon, et sous prétexte d'assurer la sécurité publique, organisa avec lui la garde nationale. Entre temps, M. de Vaugiraud[1], lieutenant de vaisseau, commandant la frégate la *Gracieuse*, enleva les deux offi-

---

1. Pierre-René, marquis de Vaugiraud du Rosny (1741-1819), garde de la marine le 12 décembre 1755, lieutenant de vaisseau le 1er octobre 1773, vice-amiral le 13 juin 1819.

ciers prisonniers et les mit en sécurité au Fort-Royal.
Ce fut alors que le corps des officiers du régiment de la
Martinique et une délégation de soldats de ce régiment,
joints aux officiers et aux soldats du bataillon de Sainte-
Lucie arrivé en renfort, réclamèrent énergiquement des
réparations pour l'insulte faite à l'armée royale. L'assemblée coloniale, dès sa première séance (26 février) félicita
les troupes de leur fidélité et leur promit satisfaction. Le
27, elle choisit le comte Dillon[1] et Moreau de Saint-Méry[2]

1. Arthur, comte Dillon, né le 3 septembre 1750 au château de Bray-
wick (Angleterre), cadet au régiment de Dillon (infanterie irlandaise)
(1765), sous-lieutenant (1766), colonel propriétaire du régiment de Dillon
(25 août 1767), brigadier (1780), gouverneur de Saint-Christophe
(25 avril 1782), maréchal de camp (1784), gouverneur de Tabago (15 juillet 1786), lieutenant général (23 mars 1792), commandant en chef de
l'armée des Ardennes (4 août 1792), rappelé en octobre, suspendu le
20 février 1793, réintégré pour prendre le commandement de l'armée du
Rhin le 7 mars, ne rejoint pas son commandement et est suspendu à
nouveau le 1er juin, condamné par le Tribunal révolutionnaire et exécuté le 13 avril 1794. Il avait été nommé chevalier de Saint-Louis le
25 janvier 1780. Son nom est inscrit au côté droit de l'Arc de Triomphe.
2. Médéric-Louis-Élie Moreau de Saint-Méry, né le 13 janvier 1750,
mort le 28 janvier 1819. Conseiller au conseil supérieur de Saint-Domingue (1780), il entreprit le classement et la recherche des archives et
documents intéressant l'histoire des Antilles (la plus grande partie du
fruit de ses recherches constitue un fonds spécial des archives du ministère des Colonies); député de la Martinique à l'Assemblée Législative
(1790), blessé grièvement dans une bagarre peu de jours avant le 10 Août,
il se retire à Forges où il est arrêté en même temps que le duc de la Roche-
foucauld; échappé à la guillotine grâce à la complicité d'un de ses gar-
diens, il émigra aux États-Unis où il se fit libraire à Philadelphie pour
gagner sa vie. Revenu en France en 1799, il fut nommé conseiller d'État
en 1800. Résident auprès du duc de Parme (1801), il devint ensuite admi-
nistrateur général des duchés de Parme, Plaisance et Guastalla. Disgracié
en 1806, il reçut jusqu'en 1812 une pension de l'impératrice Joséphine.
Il est l'auteur de plusieurs ouvrages sur les Antilles dont certains ont
encore aujourd'hui une valeur réelle.

pour la représenter à l'Assemblée Nationale et chargea ces
députés de notifier à la métropole les volontés des Antilles
françaises (les lois sociales de la métropole ne seraient
pas exécutoires aux colonies; celles-ci devraient être con-
sultées pour les lois commerciales les concernant; l'élé-
ment rural devrait avoir à l'assemblée coloniale une place
plus importante que les villes).

Peu après, les milices des mulâtres vinrent assurer
l'assemblée coloniale de leur fidélité, une députation des
gens de couleur, par animosité contre la milice de Saint-
Pierre, demanda à l'assemblée de continuer à vivre sous
l'ancien régime, et déclara ne reconnaître que l'autorité des
capitaines de paroisses et du gouverneur général. M. de Vioménil, que les mulâtres chérissaient, conçut alors le projet
de faire dissoudre par les milices les diverses municipalités
de l'île de la Martinique pour les remplacer par des éléments que lui fussent plus dévoués. Mais il en fut empêché
par M. de Damas revenu prendre son gouvernement depuis
le 26 février 1790.

Si les milices étaient demeurées fidèles au Roi, un certain revirement s'était par contre produit parmi les soldats
du régiment de la Martinique, débauchés par les habitants de Saint-Pierre, et parmi les hommes venus en renfort
des îles voisines sous le commandement de M. de Clugny[1],
gouverneur particulier de la Guadeloupe (2-3 mars). Le
9 mars, le régiment envoya une députation à M. de Damas
pour lui demander de remettre les deux officiers impliqués
dans l'affaire de la cocarde au jugement de l'Assemblée
Nationale; le gouverneur général eut la faiblesse d'acquiescer

1. Charles-François de Clugny de Thénissey, né à Thénissey, le
29 septembre 1730, chevalier de Malte, lieutenant en second au régiment de Poitou (1742), colonel au régiment de Beauvoisis (1760),
brigadier (1768), maréchal de camp (1780), lieutenant général honoraire (1815), bailli de Malte. Il sert à la Guadeloupe jusqu'en 1792,
époque de son émigration.

à ce désir et il renvoya MM. du Boullay et de Malherbe en France.

L'assemblée coloniale connaissait le caractère indécis et influençable du gouverneur général, aussi à peine eut-elle repris ses fonctions, qu'elle sollicita et obtint de lui la sanction des mesures prises sous M. de Vioménil (3 avril). Puis, malgré les protestations de Saint-Pierre, on procéda à la réorganisation des municipalités. Les planteurs et les mulâtres d'un côté, les petits blancs de l'autre, tentèrent de s'intimider mutuellement, mais finalement la victoire sembla assurée au premier parti.

Le 5 avril, M. de Damas, reconnu temporairement incapable d'assurer ses fonctions pour cause de maladie, le commandement par intérim fut confié à M. de Damoiseau [1] directeur général des fortifications et du génie des Iles du Vent. Mais M. de Clugny, se jugeant lésé, vint réclamer l'intérimat du gouvernement général. M. de Pontevès-Gien [2] commandant de la station reçut alors l'ordre de s'opposer au débarquement des volontaires de Sainte-Lucie, de Basse-Terre et de Pointe-à-Pitre de la Guadeloupe que le gouverneur Clugny amenait aux habitants de Saint-Pierre (10 avril). Seuls MM. de Clugny et

---

1. Louis-Armand-Désiré de Damoiseau, né le 30 avril 1722 à Valenciennes, lieutenant en second dans le régiment d'Artois (1736), ingénieur militaire (1740), rang de capitaine (1747), ingénieur en chef (1758), lieutenant-colonel (1763), colonel (1768), brigadier (1770), directeur des fortifications de Bretagne (1775), employé à l'armée de Broglie (1779), maréchal de camp (1780), directeur des fortifications de la Martinique (1788).

2. Henri-Jean-Baptiste, vicomte de Pontevès-Gien, fils du brigadier des armées navales de ce nom, garde de la marine (1756), lieutenant de vaisseau (1769), aide-major (1775), capitaine de vaisseau (1778), chef de division, major général de la marine (1788), mort le 13 juillet 1790 à bord du vaisseau l'*Illustre* en rade de Fort-Royal. Il avait épousé Claude-Marie-Thérèse-Perrine Bigot de Morogues, fille de François-Sébastien, lieutenant général des armées navales.

de Gimat[1] gouverneur particulier de Sainte-Lucie, furent admis à la barre de l'Assemblée qui avait repris ses séances le 13 avril après une brève interruption. Les prétentions de Clugny et de Gimat n'ayant pas été reconnues fondées, M. de Damoiseau fut confirmé par l'Assemblée dans le gouvernement général intérimaire.

Le mois de mai se passa assez tranquillement. A la fin de ce mois (28 mai), l'assemblée coloniale qui s'était fait suppléer depuis la fin d'avril par son comité intérimaire se réunit de nouveau. Une importante question s'offrait à son examen, celle de la liberté des ports. Depuis longtemps toutes les transactions avec la métropole devaient s'effectuer obligatoirement par l'intermédiaire de la ville de Saint-Pierre. Ce privilège était impatiemment supporté par les autres ports, dont les négociants avaient récemment obtenu de M. de Vioménil, à la suite de la délibération que nous avons relatée, que quatre autres ports fussent ouverts pendant quatre mois au commerce avec la métropole. Cette première victoire paraissait d'ailleurs insuffisante et l'assemblée coloniale, manifestant par là une indépendance, derrière laquelle on devine de secrètes tendances à l'autonomisme, demanda que cette mesure fût prolongée *sine die*. Le gouverneur n'accorda qu'un nouveau délai de quatre mois.

Le calme ne fut pas de longue durée. Le 3 juin, les agitateurs de Saint-Pierre trouvèrent un prétexte pour recommencer la guerre civile. Des mulâtres, commandés par

---

1. Jean-Joseph de Gimat né à Vic-Fézensac (Gers), fils de Pierre, seigneur de Compaignet, ancien officier, et de Marguerite-Josèphe Baillet-Riqué; successivement enseigne (1761), capitaine (1778) au régiment de Viennois, major au régiment provincial d'artillerie de Toul, détaché à l'armée des « insurgeants » (États-Unis d'Amérique) où il obtint le grade de lieutenant-colonel. Repassé au service de la France avec le grade de major au régiment de Viennois, il fut renvoyé aux Antilles peu de temps après sa réintégration.

leurs officiers blancs, ayant voulu défiler en armes à la procession de la Fête-Dieu, cette prétention fut jugée insultante par les citoyens de Saint-Pierre qui leur dénièrent le droit de participer officiellement à la fête des blancs. Les miliciens de couleur s'inclinèrent, mais plusieurs des leurs ayant été molestés par les petits blancs une rixe s'ensuivit; 14 mulâtres et 3 officiers blancs furent tués par la foule tandis que la municipalité de Saint-Pierre fit jeter en prison 100 hommes de couleur puis, enhardie par sa facile victoire, elle enleva l'instruction de l'affaire au sénéchal de Saint-Pierre, Astorg, pour la porter au tribunal d'une cour prévôtale nommée par ses soins. En même temps elle fit répandre le bruit qu'un nègre libre, Alexis René, avait organisé un complot pour obtenir que les droits politiques fussent accordés aux hommes de couleur!...

Le 1er juin, M. de Damas avait repris le gouvernement; dès le 4, le maire de Saint-Pierre, M. de Thomezeau, lui présentait un rapport sur les derniers événements, en lui demandant de faire arrêter le mulâtre Isaac à Fort-Royal et de désarmer les gens de couleur. Le général s'y refusa, n'ayant rien trouvé de répréhensible ni dans la conduite d'Isaac, ni dans celle de la milice des gens de couleur, régulièrement constituée, et dont il avait reçu des preuves non équivoques de fidélité. La ville de Saint-Pierre affecta alors de s'inquiéter des menaces des mulâtres, se déclara en danger et prescrivit des mesures de défense. Sans délai, l'assemblée coloniale requit le général de diriger toutes ses forces contre Saint-Pierre et malgré l'opposition du baron Tascher de la Pagerie, maire du Fort-Royal, elle décréta la levée en masse des colons blancs, Le 9, la ville reçut la sommation de se rendre et le 10 les troupes y entrèrent sans coup férir, M. de Thomezeau ayant fait sa soumission. Ce même jour, l'assemblée coloniale déclarait l'intendant Foullon déchu de ses fonctions et décidait son renvoi en France ainsi que celui de son secrétaire Chalmet et de l'ordonnateur Iger. On épura la ville du 13 au 15 : 200 habitants furent mis en état d'arrestation et, après délibération de l'assemblée coloniale, une centaine d'entre eux environ furent embarqués pour la métropole en compagnie de 80 soldats rebelles. Des félicitations et une haute paye furent votées aux soldats du régiment de la Martinique, tandis que les habitants, y compris ceux qui avaient été le plus compromis dans la dernière émeute, signèrent une adresse au gouverneur et à l'armée pour les remercier d'avoir sauvé la colonie!...

Mais toujours faible, dès le 24 août suivant, le gouverneur voulut faire rapporter par l'assemblée coloniale son décret d'expulsion du 10 août contre les fauteurs de troubles. Les députés refusèrent et demandèrent le doublement de la garde des prisons du Fort-Bourbon.

Cependant les esprits ne s'apaisaient point. Le 1er septembre à 10 heures du matin, M. de Damas reçut la nouvelle de la révolte de deux compagnies du régiment de la Martinique, composant la garnison du Fort-Bourbon. A midi les soldats hissèrent un drapeau tricolore fait de mouchoirs bleu, blanc et rouge et appuyèrent cette manifestation de 2 coups de canon. Un détachement de 25 hommes se présenta à Saint-Pierre pour réclamer la mise en liberté des citoyens de Saint-Pierre détenus depuis la dernière affaire. Damas, escorté de 12 grenadiers, se porta au-devant d'eux et les engagea à regagner le fort. Il les y reconduisit d'ailleurs lui-même, mais on lui en refusa l'entrée. Un de ses grenadiers ayant été introduit en qualité de parlementaire, fut saisi par les rebelles et périt après avoir souffert mille tourments. Sitôt que la municipalité de Saint-Pierre eut reçu l'annonce de cette rébellion militaire, elle fit cause commune avec les soldats, suivie par le commandant de la ville M. de Molérat et le colonel du régiment Chabrol[1]. Le gouverneur groupa alors les gre-

---

1. Jacques-Joseph-Gaspard de Chabrol né le 25 novembre 1742 à Riom, de Guillaume-Michel avocat du Roi près la Sénéchaussée d'Auver-

nadiers et chasseurs du régiment de la Martinique qui lui
étaient restés fidèles ainsi que la majorité des officiers qui
avaient réussi à s'échapper et se retira avec eux à Lamentin
où les milices reçurent ordre de se réunir. Le 2 septembre,
Fort-Royal et sa garnison se mirent à leur tour en état de
rébellion et conclurent une alliance avec les citoyens de
Saint-Pierre. Pendant ce temps les colons et avec eux
les mulâtres et les noirs s'assemblèrent au camp de
M. de Damas, au Gros-Morne où fut constituée une petite
armée dont le commandement fut confié à un officier de
la garnison du Fort-Royal, M. de Percin[1], et au lieutenant-
colonel Dubarail[2] du régiment de la Martinique. L'assemblée coloniale, qui avait repris ses séances le 9 septembre,
interdit de négocier avec M. de Chabrol agissant au nom
des rebelles et somma le gouverneur d'agir avec vigueur.
Le 17 septembre des renforts arrivèrent à Saint-Pierre,

gne et siège présidial de Riom et de Marie-Amable Milangel ; lieutenant
au régiment de Nice (1756), capitaine dans celui de Lyonnais (1769),
major à celui de Bretagne (1783), puis lieutenant-colonel du même
régiment, colonel au régiment de la Martinique depuis le 21 juin 1789.

1. Claude-Joseph-Bernard de Percin, issu d'une vieille famille du midi
de la France, né à la Martinique en 1763. Entré à quinze ans au régiment
de Hainaut, fait sous le marquis de Bouillé la guerre d'Amérique, s'illustre au combat d'Acajou (25 février 1790), où il tint tête avec quelques
mulâtres aux 400 hommes de troupes régulières que lui opposait le
« patriote » Dugommier. C'est à ce combat que, chargeant les canons des
insurgés à l'arme blanche, il les prit et reçut le surnom de Percin-Canon.
Après le départ de la division royaliste de M. de Rivière, il continua à
tenir contre les républicains français commandés par Rochambeau
auquel il infligea une humiliante défaite le 15 avril 1793.

2. Louis-Philibert-Gabriel, marquis Dubarail, fils de Louis-Jacques-
Charles et d'Adélaïde-Henriette-Philibert Orry de Fulvy, né le 2 novembre 1750 à Paris ; aspirant à l'école d'artillerie de la Fère (10 avril 1765),
sous-lieutenant au Royal-carabiniers (1771), capitaine au Royal-Pologne
cavalerie (1772-75), démissionne le 29 septembre 1775, reprend du
service en 1778, lieutenant-colonel d'infanterie au service d'infanterie
(11 octobre 1781). Étant à Saint-Christophe, il fait signer au régiment de

ils étaient conduits par Coquille Dugommier[1], chevalier de Saint-Louis, ancien officier et planteur de la Guadeloupe. Ils se composaient de « patriotes » de la Guadeloupe, de Sainte-Lucie et Marie-Galante.

Le 20, les bateaux de cabotage mouillés dans la rade de Saint-Pierre et armés par les patriotes commencèrent à faire métier de corsaire. Le 22, les hostilités débutèrent par un massacre des mulâtres que les « citoyens » n'avaient pas réussi à gagner à leur cause. Ce haut fait accompli, le colonel de Chabrol fut proclamé commandant général de « l'armée blanche patriotique ». Le 24 les troupes de Saint-Pierre tentèrent une sortie, elles tombèrent dans une embuscade et laissèrent entre les mains de leurs adversaires un certain nombre de prisonniers. A cette nouvelle, le peuple saccagea les maisons de ceux qui avaient suivi M. de Damas au Gros-Morne. Les noirs du Gros-Morne

la Guadeloupe qu'il commandait une adresse de fidélité aux Princes (28 septembre 1792). Émigré le 3 janvier 1793, il forme à la Dominique une compagnie d'émigrés qu'il commanda jusqu'en 1805, date à laquelle il passa aux États-Unis. Rentré en France en 1814, il fut admis à la retraite avec le grade de maréchal de camp (janvier 1815). Prévôt de la cour martiale d'Agen (1er janvier 1817-1er juin 1818), il quitte définitivement le service le 31 juillet 1822, après avoir reçu le grade de lieutenant général honoraire (janvier 1821). Il avait été fait chevalier de Saint-Louis le 10 février 1790.

1. Jacques Dugommier, dit Coquille, né le 1er août 1738 à Basse-Terre de la Guadeloupe, fils de Germain, et de Claire Laurent, cadet dans la compagnie des cadets-gentilshommes des colonies à Rochefort (1753), garçon-major (1757), officier sur les batteries de la marine (1757), enseigne au régiment de la Martinique (1758), major du bataillon des milices de la Guadeloupe (1765), retiré du service en 1782, député extraordinaire de la Guadeloupe à l'Assemblée Nationale (1791), maréchal de camp (10 octobre 1792), employé à l'armée d'Italie (22 mai 1793), général de division, commandant en chef sous Toulon (3 novembre 1793), général commandant l'armée des Pyrénées orientales (décembre 1793), tué à la bataille de la Montagne Noire, le 9 novembre 1794. Son nom est inscrit sur l'Arc de Triomphe de l'Étoile.

ayant été battus dans une escarmouche, le courage revint aux patriotes qui consentirent à participer à une sortie commandée par le colonel de Chabrol en personne. Mal leur en prit car M. de Percin, à la tête de ses mulâtres royalistes les contraignit à rentrer précipitamment dans la ville. Néanmoins M. de Damas n'avait pas perdu l'espoir de regagner les « patriotes » par des négociations qu'il accepta d'entamer le 26 septembre ; elles échouèrent du reste dès le premier jour et furent immédiatement suivies d'un ultimatum lancé par l'assemblée coloniale. Le 17 novembre, les députés de la Guadeloupe envoyèrent une deuxième députation pour faire conclure la paix. Ils n'eurent pas plus de succès que le 26 septembre. Sur ces entrefaites, M. de Bouillé[1], colonel du régiment de Viennois, qui avait réussi à tromper la méfiance de la municipalité de Saint-Pierre, rejoignit le gouverneur général et l'exhorta à l'énergie. D'un autre côté, les nouveaux députés conciliateurs envoyés par l'assemblée coloniale de la Guadeloupe (6 députés dont 3 planteurs) ne ressemblaient pas à leurs prédécesseurs. Après enquête, ils embrassèrent franchement la cause du Gros-Morne (du nom du quartier général de Damas) et envoyèrent à leurs commettants un rapport où ils démasquaient la mauvaise foi des « patriotes » et des volontaires de la Guadeloupe et des îles voisines commandés par Coquille-Dugommier. Au même moment M. de Rivière[2], le nouveau chef de la station navale, arrivé

1. Louis-Joseph-Amour, marquis de Bouillé, fils de François-Claude-Amour, lieutenant général gouverneur de la Guadeloupe en 1767. Né en 1769, mort en 1845, aide de camp de son père au moment de la fuite de Varennes, il émigre avec lui le 20 août 1792. Rentré en France en 1802, il reprend du service en 1806 et s'illustre à la bataille d'Almonacid. La faiblesse de sa vue l'oblige à quitter l'armée en 1812.

2. Charles-Joseph Mascarène, comte de Rivière, né le 4 novembre 1738 au château de la Coudraye, commune de Tréméoc, près de Quimper, appartenait à une famille originaire du Languedoc établie en Bretagne depuis 1693 ; entré dans la marine le 4 juillet 1754, lieutenant de vais-

de Brest depuis quelques jours sur le vaisseau la *Ferme*,
après s'être mis en communication avec M. d'Orléans[1],
commandant la frégate l'*Embuscade* mouillée devant Sainte-
Anne depuis le 26 octobre, mit son équipage au courant
de la situation de la colonie et alla prendre les ordres de
M. de Damas. Ainsi dès le début de novembre, l'*Embuscade*
et la *Ferme* organisèrent le blocus de Saint-Pierre par mer,
non sans avoir au préalable sommé les capitaines marchands
du port d'avoir à en sortir dans les vingt-quatre heures. Les
habitants de Saint-Pierre, qui avaient tenté d'appeler les
Anglais à leur secours et qui avaient été jusqu'à leur offrir
la livraison des forts, virent leurs plans déjoués par la
vigilance des bâtiments de la station navale qui se saisirent
des émissaires des patriotes à leur retour de la Dominique.
Bien nourris et assurés d'une part sur les prises, les équi-

seau au moment où éclata la guerre de l'Indépendance, il s'y distingua
avec les deux bâtiments placés successivement sous ses ordres, la *Blonde*
et l'*Expériment*. Le 4 juillet 1790 il fut nommé au commandement de
la station des Iles du Vent et à celui du vaisseau la *Ferme*; chef de la
division navale restée fidèle à la royauté, il passa avec les bâtiments
sous ses ordres au service de l'Espagne (février 1793); fait commandeur
de l'ordre de Saint-Louis le 8 février 1798, il quitta le service l'année
suivante à la suite de démêlés avec le Prince de la Paix (qu'intimidaient
les menaces du Directoire contre les officiers de l'ancienne marine royale
de France passée au service de son maître) et passa en Angleterre où il
mourut à Londres le 24 juin 1812. Vers la fin de sa vie, il vécut de la
pension de 1 000 livres sterling que lui servaient les colons de la Martinique en reconnaissance de ce qu'il avait fait pour eux autrefois.

1. Pierre, vicomte d'Orléans, baptisé à Orléans le 15 août 1747, fils
de Jacques-François, seigneur de Rézé et de Marie de Troyes; successivement garde de la marine (1766), enseigne (1773), lieutenant de
vaisseau (1779), capitaine de vaisseau (1786), major de vaisseau
(1er mai 1792), rayé des cadres comme tous les autres officiers de sa division par la Convention (15 mai 1792). Émigré après l'échec de la contre-
révolution à la Martinique, il sert à l'armée des Princes. Il fut mis à
la retraite par la Restauration le 31 décembre 1814 avec le grade de contre-
amiral honoraire. Il mourut à Orléans en 1819.

pages des navires de guerre oublièrent momentanément leurs idées politiques : ils résistèrent aux tentatives de débauchage des gens de Saint-Pierre et restèrent fidèles à leurs officiers.

Tandis que M. de Rivière établissait le blocus par mer, M. de Damas, aidé de ses grenadiers (régiment de la Martinique), des milices et d'environ quatre mille volontaires créoles ou mulâtres, empêchait toute communication entre la ville et l'intérieur des terres. Malgré leurs forces assez considérables[1], les insurgés se sentirent sérieusement menacés, aussi envoyèrent-ils de pressants appels aux îles voisines et à la métropole tout en essayant de poursuivre leurs négociations avec le camp du Gros-Morne. Leurs tentatives échouèrent grâce à la fermeté de l'assemblée coloniale et des planteurs auxquels l'arrivée de M. de Rivière, leurs récents et faciles succès et les renforts venus de la Guadeloupe avaient donné confiance. M. de Damas, soutenu et maintenu par eux, fit preuve d'énergie; il refusa tout pourparler en vue d'aboutir à une trêve ou à une paix blanche et fit activement pousser les travaux d'investissement de la ville. A partir de la fin de décembre 1790, époque à laquelle le blocus général fut effectif, les révolutionnaires commencèrent à souffrir de la misère, de la faim et des épidémies; les femmes et les enfants furent évacués comme bouches inutiles et les sorties malheureuses se multiplièrent. Pourtant l'espoir réapparut un instant dans le cœur des patriotes lorsqu'on leur annonça le 10 mars 1791 l'arrivée de l'escadre envoyée par l'Assemblée Nationale; la ville retentit alors de cris d'allégresse et de menaces contre Damas, l'assemblée colo-

---

1. 2 200 hommes environ dont 600 hommes du régiment de la Guadeloupe, 250 hommes de celui de la Martinique, 600 volontaires de Sainte-Lucie, Tabago et Saint-Domingue venus renforcer la garnison des forts comprenant 7 à 800 hommes du régiment de la Martinique et 100 « patriotes » de Saint-Pierre.

niale, les planteurs et les mulâtres; mais cette joie fut de courte durée... L'escadre venue de France devait en effet appuyer M. de Damas et lui permettre de vaincre définitivement l'insurrection. C'est cette période de l'histoire des Iles qui se trouve dépeinte dans les souvenirs laissés par le chevalier de Valous auquel nous donnons de nouveau la parole.

CHAPITRE IV

INTERVENTION DE LA MÉTROPOLE

L'Assemblée Nationale décide l'envoi de troupes et d'un nouveau gouverneur général. — Départ de l'escadre. — Soulèvement à bord de la *Didon*. — Arrivée en rade de Saint-Pierre. — La ville est réduite par l'effort combiné des troupes, des marins et des colons. —Soumission de la Martinique et des îles voisines au nouveau gouverneur M. de Béhague.

Le 10 février [1791] nous reçûmes l'ordre de quitter l'ancien pavillon de nos rois [1] et de lui substituer le drapeau tricolore. Ce changement ne produisit pas sur nos équipages l'heureux effet que nos illustres représentants en attendaient. Car à part

1. On se rappelle sans doute que sous l'Ancien Régime, seule la marine de guerre avait le drapeau blanc fleurdelisé. Les troupes de l'armée de terre n'avaient pas de drapeau commun, mais chaque régiment un drapeau ou un étendard qui lui était particulier. Cependant la cravate de la compagnie colonelle de nombreux régiments était blanche. Le bleu, le blanc et le rouge étaient les couleurs de la livrée du Roi. On connaît la boutade de Louis XVIII refusant en 1814 le drapeau tricolore parce qu'il ne voulait pas « faire porter à ses sujets les couleurs de ses laquais !... »

quelques forcenés qui avaient été payés pour re-hausser de leur enthousiasme l'éclat de la cérémonie, la masse le reçut en général avec une indifférence qui tenait du mépris. Je me rappellerai toute ma vie que l'aumônier de la frégate la *Calypso* qui, comme tous les autres, avait été invité à en faire l'éloge après le sacrifice de la messe, le fit en peu de mots que je dois rapporter ici : « Mes frères, je pleure et je me plais à croire que tous les bons Français pleureront avec moi sur la perte affligeante que nous venons d'éprouver par l'anéantissement de notre drapeau sans tache; aujourd'hui on vous donne des couleurs... hélas le temps vous apprendra à les connaître!... » Ce pronostic terrible ne s'est que trop réalisé! Le ton ferme autant que persuasif de ce courageux ecclé-siastique, fit une telle impression sur ceux qui l'écou-taient que d'un commun accord ils crièrent : « Vive le Roi et son ancien pavillon! » Mais un pareil évé-nement devait nécessairement entraîner de fâcheux résultats pour celui qui en avait été l'acteur prin-cipal. En conséquence, le club directeur de Brest ordonna que ledit ecclésiastique lui fût amené comme criminel de lèse-nation et sur-le-champ traité et puni comme tel. Mais la Providence qui veillait sans doute sur cette victime de l'honneur et de la fidélité ne permit pas qu'elle fût immolée à la ven-geance de ces hommes féroces qui peut-être en auraient bu le sang. Les officiers de la marine le firent évader sur un chasse-marée qu'ils frétèrent à leurs frais non sans lui avoir fourni l'argent dont il avait besoin pour retourner dans son pays natal.

Je passe sous silence la manière peu obligeante avec laquelle M. Claret de Fleurieu [1], ministre de la Marine à cette époque, me traita lorsque je lui eus fait la demande d'un commandement que je croyais m'être dû par l'espèce d'injustice que j'avais éprouvée à Saint-Domingue de la part de M. de la Galisson-nière. Il est toujours pénible d'être forcé de rappeler aux gens en place ce qu'ils sont et ce qu'ils devraient être...

J'ai déjà parlé de la conduite franche et loyale de M. le vicomte de Damas à la Martinique, mais je n'ai point fait mention de la manière perfide avec laquelle l'Assemblée Nationale le récompensa de tous ses services; sa destitution fut prononcée et un nouveau gouverneur général accompagné de trois représentants de la nation fut nommé pour l'inter-roger scrupuleusement et lui faire effectuer son retour en France. Cette tâche n'était pas la seule qu'avaient à remplir ces quatre commissaires à leur

1. Charles-Pierre Claret de Fleurieu (2 juillet 1738-18 avril 1810), fils de Jacques-Annibal, chevalier, seigneur de Fleurieu, etc., pré-sident de la cour des monnaies de Lyon (1718-1744), prévôt des mar-chands de Lyon (1740-1744) et d'Agathe Gaultier; capitaine de vaisseau, directeur des ports et arsenaux, ministre de la Marine, gouverneur du Dauphin (1791), député au conseil des Cinq-Cents, sénateur (1805), conseiller d'État, comte de l'Empire, gouverneur des Tuileries, intendant général de la maison de l'Empereur, membre de l'Institut. Il avait épousé 1º en 1792 Aglaé Deslacs d'Arcembal; 2º Anne-Josèphe-Eustache-Eusèbe Baconnière de Salverte. Il était compatriote du chevalier de Valous dont la famille était fort liée avec celle du ministre de Louis XVI.

arrivée, ils avaient encore à se prononcer sur la mise en accusation de M. le chevalier de Rivière, chef de division des armées navales, nouveau commandant de la station aux Iles du Vent, commandant le vaisseau la *Ferme*, et de M. le vicomte d'Orléans, major de vaisseau, commandant la frégate l'*Embuscade* pour avoir rallié leurs forces à celles de M. de Damas; ces deux bâtiments de guerre étaient partis de France dans le mois de novembre 1790; la frégate avait à son bord quelques compagnies d'infanterie du régiment de la Sarre sous les ordres du capitaine Despériés dont le dévouement et la fidélité méritent d'être cités.

Le 27 de ce mois, M. le comte de Béhague[1], nouveau gouverneur général des Iles du Vent, arriva à

1. Jean-Pierre-Antoine de Béhague de Villeneuve, né le 23 novembre 1727 à Calais, de Pierre et de Marie-Anne-Éléonore Genthon, successivement volontaire au régiment d'Egmont-Cavalerie (1741), cornette (1744), réformé (1749), mousquetaire (1749), capitaine à Harcourt-Dragons (1er septembre 1755), incarcéré à la citadelle du Havre le 15 avril 1760 pour irrégularité dans son service, destitué le 15 août, réintégré le 18 novembre 1761, breveté lieutenant-colonel réformé de dragons, commandant en second à Cayenne et Guyanne (1762-1764), brigadier de dragons le 26 avril 1768, successivement lieutenant du Roi à Brest (9 juin 1772) aux Trois-Évêchés et à Belle-Isle (20 octobre 1777), maréchal de camp (1er mars 1780), lieutenant général commandant les troupes envoyées aux Iles du Vent le 20 février 1791. Émigré en 1793, il serait d'après son dossier des archives de la guerre, mort en Angleterre.

Le comte Georges de Lhomel a écrit en 1907 sa biographie et tâche de lui donner le beau rôle à la Martinique, en réalité il ne fait que confirmer le portrait assez peu flatteur que les créoles royalistes des Iles avaient gardé de son loyalisme monarchique assez circonspect et de son manque d'énergie...

Brest suivi de son adjudant major général M. Constant, d'un très jeune aide de camp M. Allen et de cinq commissaires formant son conseil, MM. de la Coste[1], commis des bureaux de la Marine, Mondenoix, commissaire général de la Marine, Magnetot, avocat, Linger, commissaire général de la Marine, et Regis de Curt, ce dernier désigné par le Roi. L'escadre destinée pour les recevoir se tint prête à mettre à la voile.

Cette escadre, placée sous les ordres de M. de Girardin, chef de division, se composait de :

Quatre vaisseaux de ligne : ·

L'*Éole*, de 74 canons (M. de Girardin, commandant en chef de l'escadre, chef de division);

Le *Jupiter*, de 74 canons (M. de Trogoff[2], capitaine de vaisseau);

Le *Duguay-Trouin*, de 74 canons (M. de Bélizal[3], chef de division);

1. Né à Dax vers 1730, mort vers 1820, avocat au Parlement de Bordeaux (1757), chef de contentieux au ministère de la Marine (1766), représentant des colons de Saint-Domingue (1783), 1er commis ordonnateur de la Marine (1789); à son retour des Antilles il fut nommé ministre de la Marine (16 mars 1792), démissionne le 10 juillet suivant. Nommé ambassadeur en Toscane par Louis XVI dont la chute l'empêche d'occuper son poste. Arrêté en février 1793 il fut acquitté et relâché. De 1800 à 1814 il fut membre du conseil des prises.

2. Jean-Honoré de Trogoff de Kerlessy, fils de Charles, garde de la marine (1767), enseigne (1773), lieutenant de vaisseau (1779), chevalier de Saint-Louis (1782), capitaine de vaisseau (1786), contre-amiral (27 juillet 1793), mis hors la loi (an III).

3. André-Marie Gouzillon, vicomte de Bélizal, né à Brest le 12 mai 1741, de Charles-Yves, comte de Kerméno et de Marie-Perrine de la Jaille; garde de la marine (1755), enseigne (1762), lieutenant de

Le *Borée*, de 74 canons (M. du Chilleau de la Roche, chef de division);

Six vaisseaux de ligne : l'un de 44 canons et les autres de 36 :

La *Didon* (M. de Villevielle, capitaine de vaisseau);

La *Surveillante* (M. de Sercey, lieutenant de vais-seau);

La *Modeste* (M. Vieuxbourg de Rosilly, major de vaisseau);

L'*Amphitrite* (M. de Grimaldi[1], lieutenant de vaisseau);

La *Calypso* (M. Mallevault de Vaumorant, lieute-nant de vaisseau);

La *Danaé*, armée en flûte (M. Piquet de Melesse, lieutenant de vaisseau);

Trois corvettes :

La Fauvette (M. de Boisgelin, lieutenant de vais-seau);

Le *Maréchal de Castries* (M. d'Aché[2], lieutenant de vaisseau);

vaisseau (1772), capitaine de vaisseau (1782), rentré en France le 27 mai 1791.

1. Louis de Grimaldi, fils de Joseph et de Constance Lascaris, che-valier de Malte.

2. Robert-François, vicomte d'Aché, né le 24 décembre 1758 à Saint-Christophe de Marbeuf (Eure), fils de François-Placide et de Louise-Marguerite du Chesne, entré au service le 23 février 1774, garde de la marine (1777), enseigne (1778), lieutenant de vaisseau (1784), capi-taine de vaisseau (1792), participe à l'expédition de Quiberon en 1793; aide de camp du comte de la Chapelle, agent principal de Pichegru (1802), de Cadoudal (1804), assassiné en 1809 au cours d'une mission en France pour le compte de Louis XVIII.

La Perdrix (Duval, lieutenant de vaisseau, ancien capitaine de brûlot);

Un brick : le *Cerf* (Blanchard, sous-lieutenant de vaisseau);

Un lougre : le *Ballon* (Robert de Rougemont[1], sous-lieutenant de vaisseau);

Trois flûtes :

La *Normande* de 750 tonneaux (Roux[2], sous-lieutenant de vaisseau, ancien capitaine marchand);

Le *Marsouin* (Urvoy de Portzamparc[3], sous-lieutenant de vaisseau, ancien officier de port), et enfin

Trois gabares :

L'*Espérance*, de 400 tonneaux (Dudrezit, sous-lieutenant de vaisseau);

La *Moselle*, de 400 tonneaux (Guillotin, sous-lieutenant);

Le *Barbeau* (Kerilleau, sous-lieutenant).

M. de Girardin prit à son bord les nouveaux fonctionnaires. On embarqua en outre huit bataillons d'infanterie : les 2e bataillons des régiments suivants : Rohan (du Peloux[4], lieutenant-colonel),

---

1. Guillaume-Alexandre, fils d'un écrivain de la marine de Brest.

2. Jean-Antoine Roux, sous-lieutenant de vaisseau depuis 1786. Il était depuis 1746 officier auxiliaire.

3. Louis-Hippolyte-Marie Urvoy de Portzamparc, ancien officier marchand qui après 22 ans de service sur mer avait été admis dans la marine de guerre avec le grade de sous-lieutenant de vaisseau.

4. Louis, vicomte du Peloux de Saint-Romain, né le 29 avril 1739 à Jonzieux (Loire), de Joseph-Gabriel, chevalier, seigneur de Saint-Romain et Malplottoir, et de Marie-Françoise-Rosalie de Boucherolles; lieutenant (1751), capitaine (1758) au régiment de Bigorre, réformé en 1762, capitaine aux Grenadiers royaux (1762), réformé une seconde fois

Forez (de Chapelle [1], lieutenant-colonel), Maréchal de Turenne (de Fressinet [2], lieutenant-colonel), Aunis (du Monteil [3], lieutenant-colonel), Rouergue (de Vaudre-court, *id* [4]), Bassigny (de Baussencourt, *id* [5]), Angou-

en 1771, major au régiment provincial d'Anduze (1771), réformé une troisième fois (1776), passé en 1777 au régiment de Forez, lieutenant-colonel au régiment de Rohan (17 mai 1789) devenu 84e d'infanterie, colonel du 11e d'infanterie (25 juillet 1791), destitué et remplacé le 15 octobre 1792, commandant à Vincennes le 29 messidor an III, retraité le 7 floréal an IX.

1. François-David de Chapelle-Fontaine, chevalier, né le 12 mars 1749 à Fontaine (Aunis), sous-lieutenant à Aunis-Infanterie (1766) après avoir été élève à l'école militaire, sous-aide-major (7 mars 1769), lieute-nant au régiment de Bassigny (dédoublement d'Aunis 1776), capitaine (1778), major au régiment de Forez (17 mai 1789), il n'était pas encore lieutenant-colonel en 1791.

2. Joachim-Robin de Blair de Fressinaux (et non Fressinet) né le 23 mai 1739 à Montluçon, enseigne au régiment du Lyonnais (1756), lieutenant (1756), capitaine (1761), réformé en 1763, capitaine au régi-ment du Maine (à sa formation 6 juin 1776), lieutenant-colonel au régi-ment Maréchal de Turenne (1784), colonel au dit (26 juillet 1791), émigré en 1793.

3. Pierre-Jacques-Fulchrand de la Roque-Monteil, né en 1740 à Sommières (Gard), enseigne dans Brissac-Infanterie (1756), lieutenant (1757), prisonnier de guerre (1757-1758), capitaine au régiment du Viva-rais (1762), réformé (1763), replacé lieutenant (1766), capitaine (1768), lieutenant-colonel à Aunis (1789) devenu 31e d'infanterie; se rallie au nouveau régime, gouverneur de Tabago (13 février 1793), gouverneur de la Martinique (12 germinal an II : 2 avril 1794), retraité le 14 fri-maire an III. Il avait été fait chevalier de Saint-Louis le 19 juillet 1781.

4. Jean-Stanislas Baudel de Vaudrecourt, né à Bourmont en Lorraine le 14 mai 1741, cadet du roi de Pologne, duc de Lorraine (1757), enseigne, lieutenant, sous-aide-major, aide-major, capitaine dans Aunis (1759 à 1773), capitaine au régiment de Bassigny (1776), major au régiment de Rouergue (31 octobre 1791). Il n'était donc pas lieutenant-colonel en partant pour les Iles.

5. Joseph de Baussencourt, né à Troyes le 21 juillet 1746, de Nicolas,

lême (de Biffon, *id*), Ile-de-France (de l'Église[1], *id*), une compagnie de mineurs et deux compagnies d'artillerie qui à leur arrivée à la Martinique devaient passer sous le commandement de MM. de Damoiseau, maréchal de camp et de Chappuy[2], lieutenant-colonel, tous les deux déjà dans la colonie[3].

écuyer, et de Magdeleine Durand; volontaire au régiment de Rouergue (1767), quartier-maître-trésorier (1776), capitaine (1781) aussi au Rouergue, major (1788), colonel (5 février 1792) au régiment de Bassigny devenu 32e d'infanterie. Émigre le 11 janvier 1793.

1. Joachim-Constantin de l'Église, né le 6 novembre 1783 à Courtaison (principauté d'Orange), lieutenant au régiment de Rohan [alors de Quercy] (1755), capitaine (1762), réformé (1763), remplacé (1767), capitaine dans Rohan (à la formation 1776), lieutenant-colonel du régiment Ile-de-France (15 mai 1788).

2. Pierre de Chappuis de Maubou de la Goutte, né le 21 janvier 1748 de Pierre, et de Marie Girard; lieutenant-colonel d'artillerie (13 janvier 1787), commandant en chef de l'artillerie des Iles du Vent. Il participe à la défense de la ville de Lyon (révoltée contre la Convention) comme commandant de l'artillerie lyonnaise, fusillé le 24 octobre 1793 après avoir refusé de prendre du service dans les armées de la République.

3. Voici, d'après le rapport fait à l'Assemblée Nationale, le tableau des dépenses prévues pour couvrir les frais de l'expédition aux Iles du Vent.

Frais de passage :

Pour le passage de 4 commissaires, du secrétaire de la commission et l'indemnité accordée pour leurs domestiques	7 400	livres.
Idem, du commandant général de l'armée	2 000	—
Idem, des officiers généraux	18 200	—
Idem, du passage de 336 officiers à 3 l. 17 sous par jour (45 jours).	58 212	—
Idem, pour les gages de 120 domestiques à 15 livres par mois	2 700	—
Pour les lits de bord de 348 officiers à 50 livres. . . .	17 400	—
Idem, de 5 748 soldats et 173 domestiques	108 428	—
Pour 270 000 rations pour 45 jours de traversée à 17 sous la ration.	229 500	—
Total des frais de passage	443 840	livres.

L'embarquement de toutes ces troupes se fit sous de fâcheux auspices car la majeure partie des soldats ne voulaient se soumettre à aucune discipline militaire; cependant dans cet état de choses aussi dangereux que pénible pour les officiers de la marine sous les ordres desquels ils passaient directement, on mit néanmoins à la voile et le 38ᵉ jour de navigation nous parvînmes à la Martinique non sans avoir éprouvé un grand nombre d'insurrections qui la plupart furent réprimées l'épée à la main; oui je dois le dire, nous faisions alors si peu de cas de notre existence que nous nous faisions une espèce de jouissance de la compromettre en luttant chaque

Suite de la note page 63.

Frais d'armements pour un mois :

Des bâtiments.	65 900 livres.
Du doublage en cuivre.	15 982 —
Journées d'hôpitaux, plus-value de viande fraîche et divers	17 900 —
Consommation journalière de diverses munitions et marchandises	18 828 —
Table des capitaines et officiers	35 430 —
Appointements des aumôniers et instruments des chirurgiens	1 309 —
Solde et subsistance des équipages.	247 607 —
Pour le traitement d'un chef d'escadre et de 3 chefs de division	6 570 —
Total pour un mois.	409 526 —
ce qui fait pour une année	4 914 312 livres.

Dépenses relatives à l'armée de terre :

Dépenses fixes pour un mois (les bataillons composés chacun de 479 hommes) : supplément d'appointements.	27 770 livres.
Idem, de solde.	8 340 —
Idem, de masse, à 4 livres par an	1 916 —

jour contre cet essaim de factieux aussi lâches qu'insolents... Voici un échantillon de ce qui nous arriva sur la frégate la *Didon :* Le 24 mars, nous aperçûmes à l'extrémité du mât d'artimon de l'un des vaisseaux de cette escadre un signal convenu entre nous pour être informés promptement des mouvements révolutionnaires qui ne tendaient à rien moins qu'à nous précipiter dans la mer; MM. de Préville [1] et d'Assas se promenaient à grands pas sur

Suite de la note page 63.

Dépenses non fixes :

Subsistance des bataillons.	129 330 livres.
Cuisson du pain	10 000 —
Bois à brûler, luminaire et fourniture de caserne. . .	12 000 —
Journées d'hôpitaux	60 000 —
Logement en argent des officiers	25 000 —
Idem, de soldats	20 000 —
Total pour un mois.	294 356 —
Total pour un an.	3 532 272 livres.

Dépenses fixes pour un mois de la commission déléguée aux Iles du Vent :

Pour le traitement de 4 commissaires à raison de 2 000 livres par mois.	8 000 livres.
Pour le traitement du secrétaire de la commission à raison de 400 livres par mois.	400 —
Total pour un mois.	8 400 —
Total pour un an.	100 800 —
Total général pour l'expédition extraordinaire aux Iles du Vent.	8 991 224 livres.

1. Louis-René-Dominique Gras de Préville, né à Tarascon le 23 novembre 1757, de Balthazard et de Marie Pavé de Villevielle; garde de la marine (1771), enseigne (1781), lieutenant de vaisseau (1786); émigre en 1793, sert à l'armée de Condé, puis passe au service de Naples (1800-1813); réintégré dans la marine de France avec le grade de capitaine de vaisseau en 1814; contre-amiral honoraire de la marine des Deux-Siciles. Retraité en 1815. Il avait épousé le 13 novembre 1803 Bonaventure-Denise-Victoire de Germigney.

le tillac, comme des gens navrés de ne pouvoir porter aucun secours à leurs infortunés camarades; un soldat du régiment de Rouergue s'aperçoit de leur inquiétude, s'approche d'eux, les fixe et d'un air menaçant leur dit : « Ils y passeront et vous aussi. » Ces officiers justement indignés d'une audace pareille ordonnent au caporal de la marine de service de mettre cet homme aux fers. Mais ils se voient aussitôt entourés par d'autres soldats qui prennent sa défense, l'arrachent des mains de ce caporal et se disposaient sans doute à faire à ces messieurs un mauvais parti lorsque M. de Villevielle, averti par le bruit de ce qui se passait, se hâte de nous en prévenir; dans un instant nous sommes à ses côtés, munis de nos armes; le premier, il se précipite au milieu de ces forcenés qui hurlaient : « A la mer ces monstres d'officiers de marine! » Il découvre bientôt le même homme dont j'ai fait mention tout à l'heure, l'atteint, lui enfonce la bouche de son pistolet dans la poitrine, mais l'amorce seule brûla et le coup ne partit pas. Au même moment nous attaquâmes cette masse de révoltés avec plus de succès, leur sang coula, la peur s'empara d'eux, et la fuite la plus précipitée en fut le résultat; en un clin d'œil, ils avaient disparu du tillac. Les uns allaient se cacher, d'autres voulaient monter dans les haubans, et le plus grand nombre demandait en suppliant qu'on leur accordât la vie. Ce fut alors seulement que nos troupes de la marine prirent les armes et vinrent se réunir à nous. M. de Villevielle accéda aux prières des officiers des soldats qui lui demandèrent grâce pour eux, à condition qu'ils vinssent publiquement lui demander pardon et que leurs blessés fussent conduits par eux-mêmes soit aux fers, soit à l'infirmerie. Ces conditions furent acceptées et remplies ponctuellement. Cependant pour éviter toute récidive de cette nature nous fîmes monter à l'extrémité du gaillard d'arrière quelques caisses de cartouches et une de grenades, et pour en défendre l'approche nous fîmes placer deux pièces de canon chargées à mitraille. Ainsi se termina cette scène sanglante et nécessaire qui assura notre tranquillité jusqu'à notre arrivée à la Martinique et donna à notre équipage un échantillon de la conduite que nous tiendrions avec lui en pareil cas...

Peu de temps après avoir quitté les côtes de France, le nouveau général avait, de concert avec les commissaires civils et les officiers de l'armée, tenu une conférence sur l'*Éole*. M. de Constant, adjudant général de l'armée, fut dépêché sur le brick le *Cerf* avec ordre de devancer l'escadre et de venir rendre compte de l'état dans lequel se trouvait la colonie.

Le 11 mars nous arrivâmes en vue de l'île de la Martinique. Le 12 au lever du soleil une goëlette vint parler à M. de Girardin, elle était commandée par M. le chevalier de Clesmeur[1], lieutenant de

---

1. Ambroise-Bernard le Gart de Clesmeur, lieutenant de vaisseau, le principal auxiliaire de M. de Rivière dans ses croisières contre les habitants révoltés de Saint-Pierre. Né le 15 décembre 1751 au château de Treyer (commune de Crodon, Finistère), de Bernard, comte Le Gart de Clesmeur, et de Thérèse-Antoinette Picot de Corthval, entré au service

vaisseau. Cette goëlette, en évoluant dans l'escadre, fut coupée par le *Duguay-Trouin*. Cette manœuvre coûta la vie à M. Larchantet, élève de la marine, et à 6 matelots. Dans ce moment, la frégate l'*Embuscade*, commandée par M. le vicomte d'Orléans dépêché par M. de Rivière, rallia l'escadre et communiqua avec le commandant. Il était pour lors 11 heures du matin. A 2 heures après midi le commandant fit signal de défendre la communication entre les bâtiments de l'escadre et la terre. Au coucher du soleil M. de Béhague envoya ordre à l'escadre de sortir de la baie et de louvoyer en dehors. Il fit mouiller l'*Éole* à l'anse de la Case-Navire où était la *Ferme*. Nous étions à cette heure en vue de tous les forts de la baie qui portaient tous le pavillon tricolore. Le 13, à la pointe du jour, nous manœuvrâmes pour regagner la baie et un peu avant midi, presque toute l'escadre mouillait dans l'îlet à Ramiers à deux lieues dans la partie sud de l'anse Case-Navire. Dans l'après-midi du 14, vers cinq heures, le Fort-Bourbon amena son pavillon; peu après il fut rehissé et salué de 21 coups de canon. A huit heures du soir, M. de Béhague fit passer à tous les bâtiments de l'escadre un imprimé contenant une adresse de l'assemblée coloniale de la Martinique datée du Gros-Morne [1], par laquelle elle faisait entière soumission à l'Assemblée Nationale et à

le 20 février 1766, garde de la marine (1767), enseigne (1777), lieutenant de vaisseau (1779), major de vaisseau (1814).

1. 25 février 1791.

tous les décrets émanés d'elle. La veille le général avait lancé une proclamation [1] pour engager les soldats de la Martinique à lui rendre les forts. Les municipalités rebelles de Saint-Pierre et du Fort-Bourbon avaient adressé une protestation à M. de Béhague contre les termes de sa proclamation qu'ils avaient trouvés injurieux pour « des citoyens ». Les quatre commissaires avaient été tentés d'examiner l'adresse de Saint-Pierre; mais M. de Béhague, qui pendant le cours de cette navigation avait été à même de juger de l'esprit de ses troupes par les

1. Le texte de cette proclamation était : « Jean-Pierre-Antoine de Béhague, lieutenant général des armées du Roi, gouverneur général des Iles du Vent etc...

» Soldats du régiment de la Martinique, êtes-vous Français? Est-ce bien vous qui, à la vue des forces formidables que la Nation envoie pour tout pacifier, pour tout faire rentrer dans l'ordre, osez bombarder vos frères du haut de ces murs que l'Empire des Français n'a élevés que contre les véritables ennemis? Qu'attendez-vous pour m'en apporter les clefs? Est-ce la loi qui m'envoie pour les reprendre? Je vous le notifie.

» Descendez dans vos cœurs. Si jamais vous fûtes Français, vous reconnaîtrez que vos esprits ne sont égarés que par des conseils perfides qui tentent de vous faire déclarer rebelles et traîtres à la patrie.

» Sont-ils parmi ces habitants dont vous désolez les campagnes? Cela ne se peut : Vous les avez forcés à prendre les armes contre vous. Sont-ils parmi les habitants de la ville de Saint-Pierre dont vous détruisez le commerce? Cela se peut encore moins : Vous les avez forcés à consigner dans leurs mémoires imprimés la demande du rappel de votre régiment en France. Qui sont-ils donc ces hommes dangereux? Ne balancez pas à dénoncer des traîtres à la Mère patrie, plutôt qu'à l'obliger à croire que c'est vous qui l'êtes, et loin de m'apprêter l'éternel regret de répandre le sang de mes frères, mettez-moi à même de mériter votre pardon en commençant par obéir à ses décrets.

» Fait à bord de l'*Éole*, le 13 mars 1791.

» *Signé* : BÉHAGUE, A. MOENAU. »

insurrections partielles dont il avait été le témoin et
que sans doute, fomentaient en secret les trois
représentants qu'il avait à ses côtés, se détermina à
ne prendre conseil que de lui-même, et d'enlever, si
c'était possible, de vive force les assiégés dans le cas
où ils s'obstineraient à ne vouloir pas se rendre.
Après s'être abouché avec M. de Damas, il descendit
à Case-Navire et prit des informations de la cause
des troubles qui depuis six mois affligeaient cette
colonie. On lui dit que M. de Damas et l'assemblée
coloniale avaient toujours tenu la main à l'exécution
des décrets de l'Assemblée Nationale. L'un d'eux
établissait quatre entrepôts de commerce à la Martinique desquels était Saint-Pierre, ce fameux bourg
déjà célèbre par l'esprit de rébellion qui l'infestait;
il concentrait auparavant à lui seul tout le commerce
de l'île, et se trouvait lésé par ce décret qui était
pourtant très sage, parce que plusieurs habitants et
planteurs plus voisins des nouveaux entrepôts que de
celui de Saint-Pierre pouvaient plus aisément et à
moins de frais y faire parvenir leurs denrées [1]. Mais

1. Dans un rapport à l'Assemblée Constituante (*cf. Moniteur* du 30 novembre 1790, n° 334, p. 1401), Barnave lui aussi attribue avec raison des
mobiles intéressés à l'animosité des colons à l'égard des habitants de Saint-
Pierre. « A la Martinique, disait-il à ses collègues, les deux partis se consi-
dèrent comme français, ils invoquent la loi, ils reconnaissent votre autorité. Une ancienne haine est le seul principe de cette division. Les colons,
les planteurs ont de tous temps été opposés à la ville de Saint-Pierre.
Elle jouit de l'entrepôt, elle fait presque exclusivement le commerce
et se trouve vis-à-vis des planteurs dans la position du créancier vis-à-vis
d'un débiteur. De ces oppositions intérieures et constantes entre com-

les habitants de ce bourg, obligés pour lors de partager un bénéfice très considérable, murmurèrent et se comportèrent de la manière peu louable dont j'ai parlé ci-devant. Quelque temps après, ils se joignirent avec ceux de la ville de Fort-Royal et, aidés des soldats du régiment de la Martinique gagnés à la cause de la Révolution, ils s'emparèrent des forts de la baie de Fort-Royal où ils firent arborer partout le pavillon tricolore, emblème des factieux dans la métropole comme dans les colonies!... Pour l'honneur du corps des officiers, seuls MM. de Molérat, commandant pour le Roi de la ville de Saint-Pierre et de Chabrol, colonel du régiment colonial de la Martinique, étaient restés parmi les rebelles. Les autres officiers s'étaient joints à leur chef, M. le vicomte de Damas, auquel étaient restés fidèles les chasseurs et grenadiers du régiment de la Martinique; ni or, ni argent, ni promesses ne purent réduire ces fidèles militaires à trahir la cause du Roi. M. de Damas avait grossi sa petite troupe de volontaires créoles et d'un grand nombre d'hommes de couleur. Ceux-ci avaient eu beaucoup à souffrir des petits blancs et des capitaines marchands. Ils comptèrent parmi les plus fidèles et les plus dévoués auxiliaires de M. de Damas et des colons fidèles. Souvent plus décidés que ces derniers, ils secondèrent activement l'assemblée coloniale dans ses efforts pour maintenir l'île dans la

merçants et cultivateurs est née cette haine dont l'intensité s'est accrue dans les mouvements occasionnés par la Révolution. »

fidélité au Roi. M. de Rivière, arrivé peu de temps avant nous, avait, de concert avec M. de Damas, résolu d'affamer les révoltés de Fort-Bourbon et de Fort-Royal, ne pouvant les réduire avec leurs forces insuffisantes. Le blocus par terre et par mer était à peu près complet lors de notre arrivée à la Martinique.

Après avoir renvoyé, sans l'avoir reçue, au grand déplaisir des représentants de l'Assemblée Nationale, la députation de la prétendue municipalité de Fort-Royal, M. de Béhague envoya sommer le nouveau général Grandmaison d'évacuer sans délai les deux forteresses dont il s'était injustement emparé, promettant toutefois protection et sûreté pour lui et les siens jusqu'à leur retour en France dans le cas où cette offre serait acceptée; mais que dans celui où ils persisteraient à les garder et à les défendre, il les traiterait en rebelles. Vainement alors les représentants adjoints protestèrent contre cet acte d'autorité. Plaintes amères, menaces terribles furent employées par eux pour le faire rétracter et ne produisirent d'autre effet sur le général que d'exciter son mépris pour leurs personnes et de provoquer l'ordre qu'ils fussent sur-le-champ mis aux arrêts forcés. Cependant l'un d'eux, M. Magnétot, mieux avisé que ses collègues, les abandonna à leur triste sort et se rangea du côté de M. de Béhague. Grandmaison, n'ayant plus ni vivres, ni les munitions de guerre nécessaires pour soutenir un siège, et se voyant tout d'un coup déchu de ses prétentions à la place de gouverneur général de ces îles que les affidés du club des Jacobins de

Paris lui avaient fait espérer, fit aussitôt assembler son état-major dans lequel on comptait quelques officiers subalternes des régiments de la Martinique et de la Guadeloupe, deux officiers d'artillerie et un du génie; après, dis-je, leur avoir exposé les conditions qu'on leur proposait, son avis fut qu'elles fussent acceptées; cet avis ayant prévalu dans ce même conseil, il exigea que lui et les troupes de ligne et autres gens portant les armes jouiraient, à leur sortie des forts, des honneurs de la guerre. M. de Béhague avait trop à cœur de se défaire le plus tôt possible de ces rebelles dont la présence et le langage auraient infailliblement achevé de corrompre l'esprit de ses soldats déjà assez portés à les imiter, pour ne pas accéder à cette dernière sollicitation. En conséquence il fut déterminé que Grandmaison à la tête des siens évacuerait le fort Bourbon, défilant sur l'un des côtés du chemin qui conduit au port, pendant que le général en chef à la tête des grenadiers et chasseurs de ces régiments sous ses ordres défileraient de l'autre pour parvenir jusqu'à cette citadelle. Ce plan ainsi arrêté fut exécuté avec beaucoup d'ordre et dans le plus profond silence. Pendant que les grenadiers des régiments de Turenne, Forez et de la Martinique entraient au fort Bourbon par une porte, les troupes qui y étaient précédemment avec le sieur Grand-maison en sortirent par une autre avec un drapeau, armes et bagages, mais sans munitions de guerre. Elles se rendirent à Fort-Royal et apprirent à ceux qui y étaient que par ordre de l'Assemblée Nationale ils eussent à passer en France. Cette nouvelle ne leur fut pas trop agréable, ils firent des difficultés pour se rendre. Mais leur position étant désavantageuse en beaucoup de sens, il sortirent et furent embarqués pêle-mêle (dès leur arrivée au bord de la mer) ainsi que tous les insurgés sans distinction, sur des vaisseaux marchands frétés pour leur transport en France. Je dois à la vérité de dire ici que dans cette circonstance aussi délicate que dangereuse M. de Béhague montra autant d'audace que d'adresse et que les habitants de cette colonie lui durent leur salut. Cependant il ne put obtenir des représentants le renvoi de la colonie de Grandmaison et de Fouru. Il n'eut pas non plus la fermeté de l'imposer. Lorsque le fort Bourbon fut rendu, M. de Béhague fit aussitôt démonter toutes bouches à feu. On trouva dans un cachot M. de Chabrol, colonel de la Martinique, aux fers depuis deux mois, les troupes l'ayant soupçonné de vouloir trahir la cause de la Révolution après l'avoir embrassée!!...

Le 19, nous eûmes ordre de venir mouiller au Fort-Royal, mais la défense fut maintenue de communiquer avec la terre. Le 20, la *Ferme* vint à ce mouillage en appareillant de Case-Navire. Les habitants de cette anse vinrent couvrir ce vaisseau de lauriers; il fut accueilli aux cris mille fois répétés de : « Vive le Roi! Vive monsieur de Rivière! » Plusieurs équipages, murmurant de ce qu'ils n'allaient pas à terre, reçurent la permission de descendre à Case-Navire, mais pour les empêcher de se rendre à la ville de Fort-Royal, des sentinelles avaient été répandues sur la route et y ramenaient ceux qui s'en écartaient. En ce quartier, MM. de Damas et de Rivière avaient la plus brillante réputation et étaient regardés comme les sauveurs de la colonie. Le 25 du mois, toutes les défenses furent levées et les équipages reçurent la permission de fréquenter librement les habitants. Ils ne tardèrent pas à se laisser gagner par le mauvais esprit des petits blancs et à entrer en querelle avec les grenadiers de la Martinique...

M. de Béhague, maître de la Martinique, le fut bientôt des autres îles françaises du Vent. Il envoya d'abord dans celle de la Guadeloupe où il était resté encore quelques soldats fidèles du régiment de ce nom, un bataillon de celui de Forez, ensuite à Sainte-Lucie, celui d'Aunis; enfin à Tabago deux compagnies de celui de Bassigny; il ne conserva pour la Martinique que le bataillon du Maréchal de Turenne, deux compagnies du régiment de la Sarre, deux autres de Bassigny, et ces braves et incorruptibles grenadiers et chasseurs de la Martinique. Quant aux forces navales destinées pour cette station, elles se composèrent des vaisseaux l'*Éole* et la *Ferme*, des frégates la *Didon*, la *Calypso* et l'*Embuscade;* des corvettes la *Perdrix* et le *Maréchal de Castries;* du lougre le *Ballon* et de l'aviso le *Cerf*. Les autres bâtiments de cette escadre devenant inutiles, leurs capitaines reçurent l'ordre de se rendre à Saint-Domingue avec les mêmes troupes qu'ils avaient transportées à la Martinique et dont la présence n'était plus nécessaire. M. de Rivière ne quitta pas, le commandement de son vaisseau la *Ferme* mais bien celui de la station, qui fut conféré à M. de Girardin.

Jusqu'à présent je n'ai pas fait mention de M. le vicomte de Damas, resté froid spectateur des événements qui venaient d'avoir lieu et qu'en toute justice sous un gouvernement différent de celui sous lequel il vivait, il aurait dû diriger ; il prit le parti de quitter ce séjour et d'aller en personne rendre compte de sa conduite à son prince, qui déjà ne régnait plus... Mais je reviens à mon sujet. Les rebelles de la Basse-Terre de la Guadeloupe avaient répondu à l'appel des habitants de Saint-Pierre et leur avaient fait passer des secours en hommes, dénommés volontaires et commandés par un « patriote », le sieur Coquille-Dugommier. Le gouverneur particulier de l'île, M. de Clugny, avait été retenu prisonnier par la municipalité[1] et ne dut la liberté qu'à la fidélité des habitants de la ville de Pointe-à-Pitre, qui réunis aux colons de la Grande-Terre étaient venus le tirer des mains des énergumènes[2]. Peu de temps après, M. d'Orléans, commandant l'*Embuscade*, étant arrivé à la Pointe-à-Pitre pour y chercher des provisions pour le camp du Gros-Morne, la canaille décharge sa cargaison, et occupa pendant quatre heures le fort qui domine le port ; elle en fut chassée par le parti des planteurs qui

1. Août-septembre 1790.
2. 26 septembre 1790.

rechargea les bateaux escortés par M. d'Orléans qui put ainsi aller rejoindre M. de Damas.

Lors de l'arrivée de l'escadre venant de France et commandée par M. de Girardin, les « citoyens » de Basse-Terre s'empressèrent d'aller protester de leur soumission auprès de M. de Béhague. M. d'Arod[1], commandant en second, profita de l'occasion pour seconder les efforts de l'assemblée coloniale restée fidèle à l'ordre malgré les intrigues de certains de ses membres. L'ordre ayant été relativement rétabli, l'assemblée coloniale de la Guadeloupe forma une coalition pour le service du Roi avec celles de la Martinique, de Sainte-Lucie et de Tabago. Par crainte de troubles, la frégate la *Calypso* mouilla devant Basse-Terre.

Le 11 juillet [1791] vers 6 heures du soir, l'équipage de cette frégate ayant été mis à terre et des postes ayant été placés sur différents points de la ville, certains habitants, avides de troubles, crièrent

---

1. René-Marie, vicomte d'Arot, né en 1749, sous-lieutenant à la légion de l'Ile-de-France (décembre 1767), passé à Pondichéry en 1770, lieutenant au régiment de Pondichéry (décembre 1772). Colonel, aide maréchal général des logis (1er juillet 1774), chargé d'organiser la défense de Saint-Domingue (25 août 1778), second du duc de Lauzun dans son expédition au Sénégal (25 octobre 1778), chevalier de Saint-Louis (1779). Sert sous Rochambeau en Amérique, puis commandant en second de la Guadeloupe (1782), gouverneur de Tabago (1784), retourne à la Guadeloupe en 1788, maréchal de camp (1er juillet 1790), commandant en second (18 juin 1792), émigre en 1793 et passe dans l'armée anglaise. Il y fait partie la même année d'une expédition contre Sainte-Lucie, puis passe en Angleterre et se retire du service en 1796. Il vivait encore en 1816.

aux armes, bientôt suivis d'une multitude de gens sans aveu. MM. de Mallevault et de Fontemoin ayant menacé la ville de faire appel à l'arrière-ban et les planteurs étant arrivés armés de simples bâtons, cela suffit pour ramener le calme... Peu de jours après M. de Clugny, gouverneur particulier, licencia la troupe d'ennemis de la tranquillité publique que là, comme en France, on désignait sous le nom de garde nationale. A la Martinique elle avait également été dissoute et la défense de la colonie avait été rendue aux anciennes milices et aux commandants de quartiers [1]. Le sénéchal de Saint-Pierre [2] reçut mission de réorganiser l'administration et de réparer les dommages causés par le gouvernement de la municipalité.

Je reviens aux soldats rebelles qui avaient conservé les armes à bord même des bâtiments sur lesquels ils avaient été embarqués après leur expulsion des forts... Ces mêmes armes dont ils avaient fait jusqu'alors si mauvais usage ne devant plus rester davantage entre leurs mains, M. de Béhague ordonna qu'elles leur seraient enlevées de vive force; en conséquence M. de Girardin ordonna aux capitaines des frégates l'*Embuscade* et la *Calypso* de s'en saisir; cet ordre fut exécuté non sans quelque diffi-

1. Proclamation des commissaires du Roi (24 avril 1791) pour la Martinique et Sainte-Lucie et arrêté de l'assemblée coloniale de la Guadeloupe du 17 septembre 1791 cassant les officiers municipaux de la Basse-Terre de la Guadeloupe.

2. M. Astorg, que la populace de Saint-Pierre avait voulu massacrer en mai 1790 pour n'avoir pas voulu informer contre les mulâtres innocents et prisonniers de la municipalité.

culté de la part de ces gens-là qui réclamaient l'article de leur capitulation qui les leur conservait. Mais, menacés par quarante bouches à feu, sans pouvoir leur opposer la moindre résistance, ils les rendirent; à l'instant même on fit embarquer MM. Lacoste et Magnétot, les deux représentants dont j'ai parlé ci-devant, et enfin on les chassa tous ensemble sous l'escorte de ces deux mêmes frégates, c'est-à-dire jusqu'au delà des débouquements [1].

Dès lors les bons habitants de ces colonies commencèrent à jouir d'une tranquillité dont ils avaient grand besoin pour rétablir leurs fortunes délabrées par les sacrifices qu'ils avaient dû faire pour soutenir cette épouvantable guerre; heureux toutefois si plus constants ensuite dans la même adversité, se rappelant leur courage et leur fermeté, ils en eussent donné des preuves aussi éclatantes; mais la prospérité et la mollesse qui l'accompagna, leur firent oublier ces premiers moments de gloire. La pusillanimité et le découragement les perdirent... Cependant il est vrai de dire pour leur justification que M. de Béhague, auquel il était facile de continuer à jouer le rôle important de conservateur de ce riche pays, fut le premier à l'abandonner au moment où la foudre révolutionnaire planait sur lui.

1. Leurs papiers avaient été saisis sur la réquisition des deux autres commissaires. Le lieutenant de vaisseau Duval, commandant la corvette la *Perdrix* avait été chargé d'embarquer les 2 commissaires renvoyés et de se saisir de leurs papiers. (Arch. nat. : Arch. de la Marine DXXV 116 : 906.)

CHAPITRE V

TROUBLES A LA GUADELOUPE
ET A SAINT-DOMINGUE

Brève période de calme. — Révolte des marins de l'*Embuscade*. — Sédition militaire à la Guadeloupe maîtrisée par les officiers de marine. — M. de Rivière, chef d'escadre, est envoyé à Saint-Domingue avec une partie de sa division. — Guet-apens du Cap. — Faiblesse du gouverneur particulier de l'île, M. de Blanchelande. — Voies de fait contre quelques officiers de marine. — Retour à la Martinique.

Trois mois se passèrent dans une paix profonde et d'autant plus précieuse que notre malheureuse patrie était déchirée par la discorde et l'anarchie; insensiblement nous étions parvenus à rétablir sur nos vaisseaux notre ancienne discipline, et déjà nous commencions à croire que nous avions réussi à cet égard lorsqu'un événement d'une nature particulière nous prouva que nous nous étions fortement trompés sur le bon esprit de nos équipages :

A la fin du mois de juin, le capitaine de la frégate l'*Embuscade* fut désigné pour aller prendre le commandement de la rade de la Basse-Terre. M. d'Orléans, sans doute trop confiant dans les gens qu'il avait sous ses ordres, bien qu'ils lui eussent donné des marques non équivoques de leur soumission et de leur fidélité pendant tout le temps que dura le siège de la Martinique, se laissa surprendre par eux dans une nuit ténébreuse[1] et au moment d'arriver à sa destination, ses officiers pris comme lui au dépourvu, furent également arrêtés et mis aux fers jusqu'à leur arrivée à Rochefort. Certes, à toute autre époque, un équipage qui se serait permis de commettre un attentat de ce genre aurait été décimé sur-le-champ et ses chefs punis du dernier des supplices; mais alors le contraire arriva, il fut porté en triomphe et l'état-major jeté dans les prisons.

Quant à nous qui n'ignorions plus qu'un pareil sort nous serait réservé si nous ne prenions désormais les mêmes précautions qui nous avaient été si avantageuses jusqu'à ce jour, nous redoublâmes encore de vigilance à cet égard en augmentant notre juste sévérité. Cependant MM. de Béhague et de Girardin en rendant compte au ministre de la Marine de cet acte de rébellion inconnu dans les fastes de notre histoire, lui firent non seulement entrevoir les suites affreuses qui en seraient à l'avenir le résultat, si ses principaux auteurs ne portaient pas leur tête sur l'échafaud, ils le supplièrent de donner des ordres pour le plus prompt retour de cette frégate avec le

1. 30 septembre 1791.

même état-major et équipage que ci-devant. Ces messieurs ne se doutaient pas que le ministre chargé de ce portefeuille fût alors M. de la Coste, l'un des deux commissaires que naguère nous avions expulsés de ces îles. Cependant, paraissant oublier le passé, cette dernière demande lui parut juste, toutefois en ordonnant que d'autres officiers et un équipage nouveau remplaceraient l'ancien et qu'enfin cette frégate retournerait à son poste sous le commandement de M. Batz de Trenqualéon, lieutenant de vaisseau, qui ne craignit pas de l'accepter au moment même où le vicomte d'Orléans et son état-major croupissaient dans les prisons de Rochefort. Aussi ce malheureux capitaine fut-il si mal accueilli par nous à son arrivée au Fort-Royal qu'il n'hésita pas à demander la permission de retourner en France le plus tôt possible. M. de Girardin qui n'avait nul besoin de son bâtiment la lui accorda après avoir fait embarquer à son bord une centaine de mauvais sujets que cette colonie rejetait de son sein.

Le 2 juillet, M. de Villevielle fut nommé pour aller hiverner et prendre le commandement de la station au port de la Pointe-à-Pitre. Le 4 nous y entrâmes. Le gouverneur particulier de cette colonie, M. le baron de Clugny, capitaine de vaisseau, avait alors fixé momentanément sa résidence dans la ville de ce nom. La manière aimable et obligeante avec laquelle il nous reçut, celle non moins prévenante des principaux habitants de ce riche pays qui nous regardaient comme leurs libérateurs, nous auraient fait passer bien des moments agréables si les ardents patriotes de cette cité essentiellement commerçante, nous eussent laissé le loisir d'en jouir sans accident; nous savions que ces gens tramaient en silence un soulèvement général pour se rendre une seconde fois maîtres de cette île.

J'ai dit qu'un bataillon entier du régiment de Forez avait été envoyé à la Guadeloupe pour tenir garnison dans la ville de Pointe-à-Pitre, c'est-à-dire dans la forteresse qui défend l'entrée du port de ce nom. Mais comme déjà cette forteresse tombait en ruines de toutes parts on se vit forcé de le loger dans des espèces de casernes situées sur une éminence qui fait partie de cette ville et qui la domine. Ainsi placés au milieu des factieux, marchands, petits blancs, et gens de couleur libres, le mauvais esprit dont il avait été animé jusqu'alors se manifesta de nouveau et donna de justes craintes aux habitants de cette colonie importante. Déjà plusieurs fois ils en avaient demandé le renvoi à M. de Clugny, homme trop faible pour oser prendre une détermination de cette nature qui, selon lui, n'appartenait qu'au gouverneur général des Iles du Vent. Cependant le danger de conserver plus longtemps ces soldats augmentait chaque jour; la crainte de M. de Clugny à leur égard ajouta encore à leur audace et le moment enfin arriva où ils levèrent publiquement l'étendard de la révolte. Dans ce moment, dis-je, l'assemblée coloniale de cette île tenait ses séances dans cette cité. Généralement bien composée, elle prenait assez souvent des mesures

énergiques contre les perturbateurs civils sur lesquels
elle prétendait avoir le droit de les renvoyer en France ;
mais n'ayant aucune autorité sur les militaires, elle
était forcée d'adresser ses plaintes contre eux à leurs
commandants généraux et particuliers qui en faisaient
peu ou point de cas. De là enfin le parti prudent que
prirent les habitants de faire armer leurs plus fidèles
domestiques et de les tenir prêts à marcher au besoin.

Le 15 du mois de septembre (1791), M. le gouverneur donna un repas splendide de soixante et
quelques couverts auquel nous assistions ; déjà on
était sur le point de sortir de table, lorsque nous
entendîmes crier : « Aux armes ! aux armes ! Les
patriotes marchent pour se réunir aux soldats du
régiment de Forez, le pavillon tricolore qu'ils ont
arboré sur leurs casernes indique que l'instant est
arrivé d'exterminer les honnêtes gens. Aux armes !
aux armes ! » Aussitôt M. de Bondoir, ancien capitaine d'infanterie, chevalier de l'ordre du Mont-
Carmel, président de l'assemblée coloniale, suivi de
plusieurs de ses membres, entre au Gouvernement
d'un air effaré, donne la même nouvelle et demande
que, sans perte de temps, on marche contre ces factieux. M. de Clugny ne manquait pas d'un certain
courage, mais son frêle physique paraissant s'opposer
à la célérité avec laquelle nous devions gravir le lieu
escarpé où ils étaient retranchés, nous le plaçâmes au
milieu de nous, et bientôt suivis d'un bon nombre de
créoles, de quelques officiers de toutes armes et de
six soldats fidèles du régiment de la Guadeloupe,

nous parvînmes jusqu'à eux l'épée à la main; la ligne de bataille qu'ils formaient en présentant la baïonnette n'intimida personne; nous les attaquâmes de front et en moins d'une demi-heure nous les culbutâmes, les désarmâmes et les fîmes enchaîner. Je n'ai point encore pu concevoir comment ces malheureux qui avaient pris une détermination aussi hardie et dont le succès leur paraissait assuré, se conduisirent alors d'une manière aussi lâche. Car s'ils eussent montré tant soit peu de courage, aucun des attaquants ne pouvait échapper à leurs coups; mais l'audace des premiers et la peur de ceux-ci nous sauvèrent. Le soir, en retournant sur notre frégate, nous nous aperçûmes bientôt que notre équipage n'était point étranger à ce mouvement et qu'il en attendait le résultat avec impatience, mais, trompé dans son attente sa joie dissimulée se changea en une profonde tristesse. En ce qui concerne les officiers marchands et autres patriotes qui effectivement allaient se rallier à ces soldats, dès l'instant qu'ils apprirent par quelques fuyards ce qui venait de se passer et craignant sans doute d'être aussi maltraités qu'eux, ils se sauvèrent en toute hâte, laissant tranquillement conduire dans les cachots leurs affidés en lambeaux. Il est vrai que, pendant la nuit, les colons armés arrivèrent de toutes parts et qu'après s'être emparés de la garde des prisons, ils firent ensuite la police dans toute l'étendue de la ville d'une manière expéditive...

Le lendemain, messieurs les députés de cette

assemblée coloniale envoyèrent quatre de leurs principaux membres auprès de M. de Villevielle pour le remercier conjointement avec son état-major du service important que la veille ils avaient ensemble rendu à ce pays. Dans cette visite qui fut assez prolongée, nous crûmes devoir fortement insister sur la juste et terrible punition à infliger sur-le-champ à ces misérables soldats et à leurs corrupteurs, non moins coupables qu'eux. « Votre sort futur dépend de la fermeté que vous allez déployer dans cette circonstance, leur disions-nous ; nous ne serons pas toujours auprès de vous pour vous défendre, et nous-mêmes quel eût été déjà le nôtre, si par une pitié mal entendue nous nous fussions laissé fléchir ; croyez-nous, imitez notre exemple, trop de clémence annonce la crainte et cette crainte est aujourd'hui la principale cause des malheurs de la France ; et s'il fallait vous en dire davantage à cet égard, n'avez-vous pas sous les yeux l'enlèvement de la frégate l'*Embuscade*, le déchirement affreux de la colonie de Saint-Domingue, les assassinats de MM. de Mauduit[1] (colonel au régiment de Port-au-Prince) et de Marcuemara, chef de division et commandant de la station de l'Inde, assassinés par leurs soldats, la révolte non réprimée dans les régiments d'Artois et de Normandie au Port-au-Prince ; et enfin voyez votre roi aux prises avec ses bourreaux pour les

---

1. Thomas-Antoine, chevalier de Mauduit du Plessix, colonel d'artillerie.

avoir trop ménagés... » Mais toutes ces représentations firent peu d'impression sur l'esprit de ces
députés, puisque peu de jours après, ils se contentèrent de renvoyer en France ces criminels soldats
que l'Assemblée Nationale reçut dans son sein en
lançant contre nous un décret fulminant.

Ainsi, envoyés pour rétablir l'ordre dans ces colonies, nous étions menacés par cette assemblée qui
nous avait donné une pénible et délicate mission que
nous avions trop bien remplie pour ne pas encourir
les fureurs de cet amas de gens hostiles à tous les
hommes dévoués au Roi et à l'honneur. Notre situation singulière allait encore en s'empirant de jour en
jour. On nous accusa aussi de soutenir les gens de
couleur contre les blancs parce que les premiers
avaient rendu quelques coups de bâton à des petits
blancs de Saint-Pierre qui les avaient maltraités pendant les derniers troubles et parce que certains
d'entre eux avaient arboré de nouveau, depuis notre
arrivée aux Iles du Vent, la cocarde blanche et
attaché par dérision la cocarde tricolore à la queue
de leurs chiens. Nous, officiers de la marine royale,
qui rongions notre frein au service d'une cause qui
n'avait pas notre sympathie, nous ne pouvions pas
empêcher ces braves gens restés fidèles à notre infortuné monarque et aux honnêtes colons de régler
pacifiquement et énergiquement leurs affaires avec
messieurs les patriotes...

L'hivernage était sur le point de finir; nous com-
mençâmes à nous préparer à quitter ce port pour

retourner à celui du Fort-Royal. Le 10 octobre, nous fîmes route pour cette destination, emmenant avec nous quatre membres de cette assemblée coloniale, députés auprès de M. de Béhague : MM. de Clairefontaine, Hurault de Gondrecourt, de la Melouse et Pinet du Manoir. Le 11, nous y arrivâmes au milieu des acclamations les plus flatteuses des gens de bien.

Le 25, M. de Villevielle reçut du président de l'assemblée coloniale de la Guadeloupe la lettre suivante : « Vous vous étiez acquis, monsieur le Commandeur, l'estime la plus haute de la colonie de la Guadeloupe qui n'oubliera jamais avec quel zèle et quelle ardeur vous avez concouru avec votre état-major à réprimer la révolte du 14ᵉ régiment d'infanterie (Forez) le 15 septembre dernier; vous fûtes, messieurs, les premiers à risquer vos jours pour combattre et désarmer ces rebelles et l'assemblée coloniale, témoin de votre généreux dévouement, attendait avec impatience l'occasion de vous manifester sa vive et profonde reconnaissance. Vous ne cessez, monsieur, de la mériter de plus en plus. Nos députés auprès de monsieur le gouverneur général des Iles du Vent, à qui vous avez bien voulu donner passage, en rendant compte à cette assemblée de leur mission et de votre conduite à leur égard, accroîtraient encore s'il était possible et son estime et son amour pour vous et pour messieurs les officiers de la marine sous vos ordres. Je me félicite, monsieur le Commandeur, d'être l'organe fidèle d'une grande colonie, et si je vous exprime faiblement ses sentiments pour vous, ils sont gravés dans tous les cœurs dont je suis l'interprète, en caractères ineffaçables. Veuillez également être celui de cette colonie auprès de l'État-major de la frégate la *Didon* qui partage avec son brave capitaine les mêmes sentiments.

» J'ai l'honneur, etc...

» (Signé :) BONDOIR, président,

» L. SAINT-MARTIN, secrétaire, PICOT, secrétaire. »

Pointe-à-Pitre le 20 octobre 1791.

Dans les premiers jours de novembre nous embarquâmes sur cette frégate [la *Didon*] en remplacement du sous-lieutenant de vaisseau M. du Coudroy, depuis longtemps détenu dans les hôpitaux de cette ville pour cause de maladie, M. le vicomte Duquesne de Mombrun lieutenant de vaisseau [1] et mon ami particulier. Cet officier, créole de la Martinique, était le plus honnête et le plus généreux des hommes; son amitié pour moi dans ces temps difficiles restera éternellement gravée dans mon cœur.

A cette époque M. de Girardin ordonna à M. de Villevielle de se rendre à Sainte-Lucie et de cette île à celle de Tabago pour je ne sais quelles affaires de service; mais ce que je n'ai point oublié c'est

1. Pierre-Joseph Duquesne de Montbrun, né à la Martinique le 4 novembre 1763, garde de la marine (1778), enseigne de vaisseau (1781), lieutenant de vaisseau (1784), fils de N. vicomte Duquesne et de Louise de la Tour de Brock,

que ma santé étant alors fort altérée, je me vis forcé
de me faire transporter à l'hôpital militaire au Fort-
Royal, et que ma frégate partit sans moi; je restai
dans cette maison peu propre à un établissement de
ce genre par sa position, sa petitesse et l'excessive
médiocrité des chambres destinées aux malades,
cependant je dois à la vérité de dire ici qu'il serait
difficile d'y être mieux soigné et d'y avoir des
médecins plus entendus dans l'exercice de leurs
fonctions que les Pères de l'hospice de la Charité
de Paris qui en sont en même temps les administrateurs. Déjà j'avais passé un mois dans ce séjour
peu favorable à un convalescent, lorsque j'en fus
tiré par un riche habitant du Fond Layette appelé
M. de la Faye-Beaubrun, avec lequel M. Duquesne
m'avait mis en rapport peu avant son départ. Ce
généreux colon, en venant me visiter, m'engagea
d'une manière si pressante à aller me rétablir entièrement sur son habitation que j'acceptai son obligeante invitation; je ne dirai jamais assez combien
j'eus lieu de me louer de ses bontés pour moi et de
celles de sa sœur, madame de Wenthuysen, qui
vivait avec lui, pendant les quinze jours que je restai
auprès d'eux.

Enfin, parfaitement guéri de mon indisposition,
et ma frégate étant de retour au Fort-Royal, j'y
repris mes fonctions comme ci-devant.

A la fin de ce mois [novembre] nous vîmes entrer
dans ce port une goëlette de guerre appelée le *Cou-
reur* sous les ordres de M. Le Tremblier de Chau-

vigny [1], lieutenant de vaisseau. Ce bâtiment léger avait été dépêché du Cap français (Ile Saint-Domingue) pour demander à M. de Béhague de la part du gouverneur de cette île, M. de Blanchelande [2], des secours dont il avait un impérieux besoin pour sauver, s'il était encore possible, cette importante possession de la fureur des noirs et des mulâtres révoltés. L'assemblée coloniale de cette même île avait aussi envoyé par une autre voie trois de ses membres auprès de celle de la Martinique pour le même objet et tous arrivèrent ici à peu près à la même époque. Les instances pressantes de M. de Blanchelande, l'élocution assez facile de ces députés à peindre les malheurs des habitants de ce magnifique pays en proie à toutes les horreurs d'une guerre d'extermination contre leurs esclaves etc., etc., déterminèrent trop promptement sans doute M. de

1. Gilbert Le Tremblier de Chauvigny, né à Saint-Gal (diocèse de Clermont-Ferrand) le 23 septembre 1762, de Louis et de Marie-Marguerite Deschamps, entré au service le 26 avril 1779, garde de la marine le 1er juillet 1780, enseigne (1781), lieutenant de vaisseau (1787), émigre, capitaine de vaisseau (7 janvier 1817), quitte le service en novembre de la même année.

2. François-Philibert Rouxel de Blanchelande, fils de Claude, écuyer, chevalier de Saint-Louis, ancien colonel d'infanterie et de Catherine Braconnier; né à Dijon, le 21 février 1735, surnuméraire dans l'artillerie (janvier 1747); officier pointeur (février 1747), lieutenant (1755), capitaine aux Grenadiers de France (1761), major au régiment provincial de Dijon (1771) lieutenant-colonel audit (1773), puis au régiment de Viennois (1776-1777), gouverneur de Tabago (15 août 1781), passe toujours comme lieutenant-colonel au régiment Colonel-général d'infanterie (25 janvier 1784), maréchal de camp (9 mars 1788), condamné et exécuté le 15 avril 1793.

Béhague à leur faire passer quelques forces navales qu'il supposait ne pouvoir plus lui être utiles aux Iles du Vent. En conséquence, en sa qualité de gouverneur général, il donna l'ordre à M. de Girardin de quitter le commandement de cette station qui dès lors fut confiée à M. de Rivière et d'aller avec son vaisseau, la frégate la *Didon* et le brick le *Cerf*, directement au port du Cap français pour y recevoir les instructions que M. de Blanchelande aurait à lui communiquer. Au même instant on fit embarquer sur ces trois bâtiments des munitions de guerre et de bouche et bientôt nous mîmes à la voile.

Le 29 nous jetâmes l'ancre dans ce magnifique havre du Cap. Quel spectacle épouvantable se présenta d'abord à nos yeux! Un amas de cendres et de décombres couvrait déjà la superbe plaine de ce nom dont naguère les champs toujours verts des cannes à sucre annonçaient la bonté du terrain et l'heureuse industrie des planteurs. Les habitants, victimes de leur mollesse et de leur égoïsme, étaient en partie succombés sous le fer assassin des gens de couleur, constamment excités à la révolte par les exécrables philanthropes français, anglais et américains, coalisés pour anéantir à jamais un des plus beaux fleurons de la couronne de nos rois. L'assemblée même de cette colonie, n'étant alors composée en grande partie que de procureurs, de gérants d'habitations et de quelques gens de couleur libres, paraissait également favoriser ce système destructeur qui constitua cette horde de brigands dont les excès font frémir la nature. Malheureusement encore pour ce pays, la France venait de lui donner pour gouverneur l'homme le plus inapte et le plus faible qu'elle comptait parmi ses officiers généraux : M. de Blanchelande, maréchal de camp. Les nègres moins barbares dans le principe de cette insurrection que les mulâtres, avaient lutté quelque temps entre le devoir et la désobéissance, mais les mauvais traitements que ces derniers leur firent éprouver par suite de cette même hésitation, les forcèrent à se réunir à eux; de là enfin la dévastation générale.

La seule ville du Cap, forte de sa position et de quelques soldats fidèles du régiment de son nom, restait encore intacte. Mais le nombre de ces mêmes soldats diminuait chaque jour par les escarmouches qui sans cesse avaient lieu entre leurs avant-postes et ceux des révoltés. Une garde nationale formée à la hâte sans être meilleure, faisait le service de l'intérieur et ses chefs insolents y commandaient en maîtres sans jamais s'exposer aux hasards de la guerre qui devait les détruire. Bref cette ville autrefois si riche, si agréable et si digne de l'envie de l'Angleterre n'offrait plus à cette époque que les effrayants spectacles d'échafauds et de gibets toujours dressés sur ses principales places publiques.

On concevra facilement que le rôle que nous allions y jouer serait bien triste; un événement aussi fâcheux qu'imprévu en hâta le commencement; trois élèves de la marine et quatre volontaires embarqués avec nous, tous les sept jeunes gens bouillants,

braves et francs royalistes, demandèrent le lendemain
matin de notre arrivée dans ce port la permission
de descendre à terre : ils l'obtinrent. En y mettant
les pieds, la première idée qui leur vint fut d'aller
visiter le meilleur traiteur de cette ville qui malheureusement pour eux se trouvait avoir une opinion
diamétralement opposée à la leur. Ces messieurs lui
demandent à déjeuner et sur-le-champ il les sert au
gré de leurs désirs. Mais comme chez les marins il
n'y a pas de bons repas sans bons vins, ils s'en font
apporter et, déjà échauffés, sans doute, autant par la
délicatesse des mets que par le jus du vin, leur conversation s'engage sur les effets épouvantables de la
révolution de leur pays. Ils en maudissent hautement les acteurs, ils boivent ensuite à la santé des
braves et fidèles habitants de la Martinique, à celle
de leurs officiers, et couronnent l'œuvre en portant
avec respect celle du Roi. En fallait-il davantage
dans ces temps malheureux pour être exposé à
perdre la vie? Aussi, à peine sortis de cette auberge,
ils sont assaillis à l'improviste par une troupe d'officiers marchands et autres sans-culottes qui veulent
se saisir d'eux ou les mettre en pièces. Mais ces
intrépides jeunes gens, aussi peu effrayés de leur
audace que de leur nombre, mettent le sabre à la
main et aidés d'un seul mulâtre libre (nommé La
Causse, fortement blessé dans cette affaire et sauvé
ensuite d'une manière miraculeuse), qui voyant
l'indignité que l'on commettait à leur égard arrache
d'une main vigoureuse l'arme de l'un de ces assas-

sins, se réunit généreusement à eux, ils percent ensemble cette foule épouvantée qui en fuyant leur donne le temps nécessaire pour parvenir jusqu'au bord de la mer d'où ils revinrent sur leur frégate.

Un événement de cette nature causa sur-le-champ une grande rumeur parmi ces hommes sanguinaires et lâches dont la proie s'était échappée. Ils jurèrent donc de se venger de cette honteuse défaite à la première occasion et cette occasion se présenta le même jour. Mais ce que l'on concevra difficilement c'est que M. de Blanchelande qui en fut aussitôt informé et qui ne devait pas ignorer le mauvais traitement que ces gens-là préparaient aux officiers de la marine nouvellement arrivés des Iles du Vent à la suite de la brillante conduite qu'ils y avaient tenue, ne prit alors pour en empêcher l'exécution aucune de ces mesures que dictent la prudence et l'amour de l'ordre, et surtout ayant encore à sa disposition quelques forces respectables. Malheureusement encore ces jeunes gens ajoutèrent à l'imprudence qu'ils venaient de commettre, celle de taire leur aventure et de là les résultats fâcheux qui s'en suivirent.

M. de Villevielle accompagné de son état-major, moi seul excepté parce que j'étais de garde, se rendit dans l'après-midi du jour même de cet événement sur le vaisseau l'*Éole* pour se réunir à M. de Girardin et à ses officiers et aller ensemble faire une visite de corps à M. le gouverneur général. A trois heures on se mit en marche. Le quai sur lequel ces

officiers devaient mettre pied à terre était couvert
de curieux, comme il arrive ordinairement lorsque
des bâtiments de guerre mouillent dans quelque port
de l'Amérique. Mais à peine ont-ils touché ce sol
infernal qu'ils sont entourés, attaqués à l'improviste, désarmés et entraînés comme des criminels à
l'hôtel commun de cette ville ou siégeait alors l'assemblée coloniale. Leurs vêtements étaient déchirés,
leurs corps mutilés et leurs décorations arrachées.
Dans cet état misérable et toujours serrés de près
par leurs assassins, on les présente à la barre pour
y être jugés sans délai comme coupables de lèse-
nation. A cette infamie dont notre Révolution n'a
que trop fourni d'exemples, se joignirent encore
contre eux les imprécations et les outrages de cette
population effrénée qui impérieusement demandait
qu'on les mît à mort. Cependant cette effervescence
bien loin de diminuer s'augmentait de nouveau par
l'arrivée des officiers marchands. Le président, qui
n'était pas un mauvais homme, dut craindre pour
la vie de ces officiers. MM. de Girardin et de Villevielle demandèrent à être entendus mais les huées et
les cris impératifs de « Silence! » les obligèrent à se
taire et à contenir leur douleur.

Au même moment on annonce M. de Blanchelande qui, en sa qualité de chef du pouvoir exécutif,
vient occuper le fauteuil qui lui est destiné. Sa présence fait un instant renaître un calme apparent. On
se flatte alors que, témoin de la position affreuse où
se trouvent ses camarades d'armes, il se servira de

7

son autorité pour les en tirer ou du moins qu'il par-
lera en leur faveur. Vain espoir! ce général ne
daigne même pas s'en occuper et se retire après
avoir sanctionné quelques décrets qui lui furent pré-
sentés; ainsi ces malheureux officiers restèrent
comme ci-devant à la merci de leurs bourreaux.

Cependant ces victimes dont ils se croyaient
assurés n'étaient pas les seules qu'ils voulaient
immoler; ils désiraient en augmenter le nombre par
celui des sept élèves et volontaires de la marine qui
le matin avaient fait couler leur sang et pour s'en
emparer ils tramèrent le complot d'enlever pendant
la nuit la frégate sur laquelle ils étaient embarqués,
et peut-être même, comptant sur la corruption totale
de son équipage, l'eussent-ils mis à exécution de
suite, sans la prompte apparition d'un détachement
de la garde nationale et de deux cents hommes du
vaisseau l'*Éole* qui enlevèrent au milieu d'eux le trop
bon M. de Girardin et le conduisirent en triomphe
à son bord. Quel coup de foudre pour moi, quand je
fus instruit de cet événement fatal et des motifs qui
l'avaient provoqué; sur-le-champ je fis appeler ces
jeunes gens, et je leur dis : « Je ne vous fais aucun
reproche sur la conduite imprudente que vous avez
tenue ce matin, vous en êtes assez punis par les
malheureux effets qui en résultent et par ceux non
moins terribles qui nous menacent nous-mêmes; on
vient de me rendre compte que cette nuit nous
devons tous être enlevés d'ici par nos subordonnés
aidés de quelques brigands de cette ville; on m'ajoute

encore que ceux de nos matelots et soldats qui se
sont trouvés à cette scène scandaleuse, n'avaient non
seulement point imité le bel exemple de ceux du
vaisseau l'*Éole*, mais que, corrompus par les largesses
et les promesses de la populace, ils n'avaient pas
craint de se mêler parmi les accusateurs de leurs
officiers ; ainsi donc, malgré le peu de confiance que
nous devons avoir sur les gens qui nous restent ici,
je vais toutefois faire mon possible pour m'en servir !
Faites-les rassembler sur le gaillard d'arrière. J'ose
croire que je trouverai parmi eux quelques hommes
assez déterminés pour seconder mes projets ; mais
dans tous les cas ne nous laissons pas surprendre,
armons-nous comme dans un moment d'abordage et
coupons de suite toutes les communications avec la
partie de la poupe que vous allez occuper. » Ces
mesures de précaution une fois prises, notre équipage se rendit à l'ordre que je venais de lui donner.
Je montai alors sur le banc de quart et je lui parlai
ainsi : « Français, s'il existe encore parmi vous quelques sentiments d'honneur et de générosité vous
partagerez avec moi la juste et profonde indignation
que m'a causé le traitement barbare que viennent
d'éprouver votre capitaine et vos officiers en mettant
les pieds sur cette terre ensanglantée qu'ils venaient
secourir ; je ne vous tairai pas que celui qui leur est
préparé est plus affreux encore si quelques braves
ne viennent à leur secours en les arrachant des
mains des lâches assassins qui les entourent ; sans
doute si je pouvais abandonner en ce moment le

poste important que j'occupe, je me mettrais à leur tête, et bientôt nous aurions la consolation de les revoir au milieu de nous; mais ce projet se détruit par l'avis positif que je reçois à l'instant de l'enlèvement de cette frégate pendant cette nuit; je vous préviens donc que mon intention est de repousser la force par la force et que si dans cette lutte quelqu'un d'entre vous manquait à son devoir il aurait cessé de vivre; vous le voyez, les poudres sont déjà en mon pouvoir... Au reste, comme je ne veux avec moi que des gens sur la fidélité et le dévouement desquels je puisse compter, je permets à quiconque craindrait d'exposer sa vie pour une aussi belle cause de se retirer et d'aller informer messieurs les députés de l'assemblée coloniale gouvernante de ma dernière et invariable résolution. Vive le Roi! » Tout d'un coup le silence morne qui avait régné durant ce court colloque fut interrompu par un cri général : « Vive monsieur de Valous! Périr plutôt que de l'abandonner! » Ce premier mouvement d'intérêt et de loyauté envers ma personne me causa, je l'avoue, une émotion d'autant plus agréable que je m'y attendais moins. J'osai croire un instant que je commandais encore à de vrais Français, mais que cet instant consolant fut de courte durée!...

Cependant, d'après mes ordres, chacun se transporta dans la batterie, les canons y sont de suite chargés à mitraille, les menues armes sont apportées sur le tillac avec des caisses de cartouches et de grenades; enfin tout fut bientôt préparé à recevoir

l'ennemi d'une manière vigoureuse; non content de
ces mesures qui pouvaient échouer au moment de
l'attaque, je fis placer quatre soldats, allemands
d'origine, dont je connaissais la fidélité, sur l'écou-
tille de la soute aux poudres et je leur adjoignis
deux élèves de la marine, comme eux armés de
toutes pièces. Je ne conservai auprès de moi que cinq
volontaires, un élève et deux sergents de la marine,
qui désertèrent aussitôt que le danger fut passé, je
leur dois cette justice. Tous ces préparatifs ayant été
ainsi terminés à ma satisfaction, quinze soldats et
matelots de cet équipage se présentent à moi et me
supplient de leur accorder la permission d'aller
porter des armes à leurs officiers et de se joindre à
eux; j'aurais sans doute dû prévoir que le dévouement
généreux de ces corruptibles militaires ne produirait
d'autre effet que celui d'augmenter le nombre de nos
adversaires. Mais calcule-t-on lorsqu'il s'agit de
sauver ses amis? J'accordai donc cette permission
que je me repentis bientôt d'avoir donnée... Il était
alors huit heures du soir, la nuit était obscure, une
pluie abondante, en nous inondant, ajoutait encore à
la triste position où moi et les miens nous nous trouvions! Que d'invectives et de propos horribles n'eû-
mes-nous pas à endurer de la part des équipages
des canots et des chaloupes des autres bâtiments de
guerre qui allaient et revenaient sans cesse de terre
en passant près de la poupe de ma frégate... A dix
heures un caporal qui faisait partie des quinze
hommes dont j'ai parlé ci-dessus fut assez hardi

pour laisser ses camarades s'emparer d'un petit
bateau conduit par deux nègres et se rendre à son
devoir auprès de moi; ce fut lui qui m'apprit le premier ce qui s'était passé dans l'assemblée au moment
même où ces malheureux y étaient entrés à moitié
ivres et corrompus par quelques piastres que les chefs
de la populace leur avaient données pour trahir leur
serment de fidélité. « Nous venons, dirent-ils au
président, demander la juste punition de ceux qui
jusqu'à présent ont été nos chefs. Qu'ils périssent!
Vive la Nation! — Toutefois, ajouta l'un d'entre eux,
prenez-y garde : si vous vous obstinez à vouloir
enlever à main armée le reste des officiers de la frégate la *Didon*, qui s'y sont retranchés d'une manière
formidable, il arrivera un événement d'autant plus
fatal qu'ils sont les maîtres des poudres qu'elle con-
tient et gare l'explosion! » D'après cette déposition
sur mes armements, confirmée par tous les autres et
même augmentée, il fut décidé à l'unanimité de
suspendre le jugement de mes malheureux camarades
jusqu'à nouvel ordre et de les faire conduire sous
bonne escorte dans une des salles de cet hôtel commun où, entourés de la force nationale, leur vie, plus
que jamais, dépendrait des accidents dont je serais
l'auteur ; en outre le chef du pouvoir exécutif serait
requis de donner sur-le-champ des ordres pour
qu'aucun bateau n'abordât au quai pendant la nuit
sous quelque prétexte que ce fût et qu'il eût enfin à
prendre toutes les mesures que dictaient dans cette
circonstance délicate la prudence et la sécurité de la

ville et du port. Le président de l'assemblée désigna au même instant quatre officiers municipaux pour conduire les officiers et les garder à vue. Mais la populace ne voulait pas s'en dessaisir de peur de voir s'échapper cette nouvelle proie. Elle les aurait certainement mis en pièces si MM. les députés ne fussent venus à bout de lui persuader que ces grands criminels surveillés sans cesse par l'intrépide détachement de la garde nationale, dont elle connaissait l'excellent patriotisme, ne pourraient se soustraire le lendemain au châtiment exemplaire qu'ils méritaient. Après cette assurance elle les laissa introduire dans le sein de cette même assemblée à cause de la plus grande facilité qu'il y avait par là à pénétrer par une porte de derrière dans leur nouvelle prison. Tous ces détails me tranquillisèrent d'autant plus que je sus au même instant que plusieurs créoles aussi distingués par leur moralité que par leur bravoure avaient pris spontanément les armes pour aller augmenter le nombre de leurs gardes et les secourir au besoin.

Quant à moi et à mes compagnons d'infortune, notre position mutuelle devenait peut-être alors plus critique que la leur, mais notre sacrifice était fait, et nous désirions en vérité voir approcher l'instant qui nous délivrerait à jamais de cet amas de brigands qui convoitaient nos places. Cependant le jour parut et, peu après, je vis arriver le canot de ma frégate portant M. de Préville que la partie de mon équipage restée à terre la veille avait nommé son capitaine en remplacement de M. de Villevielle son oncle et de son état-major mis hors de la loi! Qui oserait croire que M. de Blanchelande fut assez lâche pour souscrire à cette demande! Ce coup imprévu m'atterra autant que l'adhésion de M. de Préville à prendre le commandement du bâtiment de son parent dans une circonstance aussi affreuse qu'humiliante pour lui seul. Certes, avec un peu plus de réflexion sur la conduite de cet officier, j'aurais bientôt jugé qu'elle n'avait pour but que celui de sauver ses malheureux camarades. Mais cette idée ne s'étant pas d'abord présentée à mon imagination trop exaltée, je le reçus de manière à lui faire connaître tout ce qui se passait dans mon cœur à son égard. Lui, au contraire, sans sortir des bornes de sa modération accoutumée et d'un sang-froid qui lui était familier, me dit à son tour : « Je viens par cette démarche humiliante sauver nos infortunés amis de l'horrible position où tu les as tenus la nuit dernière par tes menaces à incendier cette frégate plutôt que de livrer les coupables jeunes gens dont les excès nous ont fait tant de mal ; le temps de la rigueur et de la sévérité est passé, il faut aujourd'hui apaiser nos subordonnés par la voie de la douceur et de la bonté et les ramener à des principes moins dangereux. Au reste ma conduite future prouvera bientôt que je suis et serai toujours digne de l'attachement et de l'estime des officiers de mon corps. — J'en accepte l'augure, lui répondis-je avec trop de vivacité sans doute, mais quel que soit le résultat de cette démarche, je ne veux, ni ne dois rester ici davantage. En conséquence, veuillez bien, dès à présent, envoyer à messieurs de Blanchelande et de Girardin la démission d'un emploi que j'abhorre et ce soir même vous ne reverrez plus cet homme qui a su se faire obéir jusque dans ces moments terribles, car vous le voyez, le peu de personnes qui me sont restées fidèles auraient partagé mon sort, et sans les louer d'avoir rempli leur devoir je suis cependant bien aise de leur témoigner ici le jùste sentiment d'une justice qui leur appartient. » J'annonçai en même temps aux élèves de la marine et volontaires qu'ils étaient destinés à être embarqués sur un brick de cette colonie sous les ordres de M. de Boiron-Saint-Léger, lieutenant de vaisseau, en attendant qu'on dispose d'eux d'une autre manière.

Je désirais moi-même aller me joindre à mes infortunés camarades dans leur prison. Donc, m'esquivant furtivement, je m'embarquai par la poupe dans une petite yole, suivi d'un seul soldat pour me servir de guide jusqu'à l'hôtel du Gouvernement. Je me rendis chez M. de Blanchelande, chez lequel je trouvai une société assez nombreuse en hommes et en femmes et d'une gaieté qui, dans toute autre circonstance aurait été fort de mon goût. Cependant ma présence inattendue le frappa autant que les paroles courtes et sèches que je lui adressai; les voici : « Après les événements scandaleux qui viennent d'avoir lieu et dont les officiers de la marine seront peut-être les victimes innocentes, mon premier devoir est de me réunir à eux et de subir ensemble une sentence indigne prononcée par des marchands assassins. Ordonnez, je vous prie, monsieur, qu'on me conduise dans leur prison: tout délai à cet égard me serait insupportable. » Ce général, aussi surpris de me voir chez lui qu'étonné du dessein qui m'y amenait, resta quelque temps sans me répondre, mais enfin, rompant le silence, il me dit avec une douceur et une affabilité auxquelles je le croyais étranger : « Votre démarche, monsieur, excite mon admiration et non ma surprise. L'imprudence de vos jeunes gens est la cause principale des désagréments que vous avez éprouvés et que vous éprouverez encore. Je dois maintenant vous faire observer que votre entrée dans la salle où vos camarades sont détenus y causerait une rumeur d'autant plus à craindre que les quatre officiers municipaux et le détachement de la garde nationale à la surveillance desquels ils sont soumis ne sont pas d'une composition très sûre et qu'il serait de nouveau dangereux de provoquer leur animosité contre eux; demain matin je donnerai des ordres pour faire remplacer ces troupes et leurs chefs par des soldats de cette garnison dont ils n'auront qu'à se louer. Croyez-moi, monsieur, acceptez pour cette nuit un logement chez moi et demain un de mes aides de camp vous accompagnera, vous laissant la facilité de rester avec eux ou de revenir ici. » Ce dernier parti était sans doute le plus prudent, mais je répugnais à le prendre et je ne m'y serais jamais déterminé sans

les persuasions pressantes de MM. d'Assas[1], de Vin-
centi, et de Cambefort qui se trouvaient présents.

Que cette nuit me parut longue! Que de réflexions
aussi pénibles que cruelles se présentent tour à tour
à mon imagination! Proscrit dans ces lieux, chassé
de mon pays, de mon vaisseau mon unique res-
source, sans argent, sans appui pour m'en procurer,
entouré de bandits dans une île dont je ne pouvais
sortir qu'à la dérobée, en supposant toutefois que je
pusse échapper à leur vigilance. Quel est l'homme assez
fort pour se résigner sans peine à un sort aussi
affreux et goûter dans cette position la douceur bien-
faisante du sommeil?

Enfin le jour parut et peu d'instants après, je vis
entrer dans ma chambre le chevalier d'Assas, major
au régiment du Cap, qui me tira de l'assoupissement
où j'étais encore. « Venez avec moi, monsieur, me
dit-il, revoir vos tristes compagnons d'infortune qui
ignorent ce que vous êtes devenu. Monsieur de Blanchelande que je quitte m'a ordonné de vous conduire auprès d'eux et je vous garantis sur mon honneur que ce qui leur est arrivé avant-hier ne vous
arrivera pas aujourd'hui; son aide de camp est déjà
parti pour annoncer au commandant de leur nou-

---

1. Louis-André d'Assas, proche parent du chevalier d'Assas qui s'était
illustré à Clostercamp. Entré au service en 1765, colonel au régiment
du Cap (106e d'infanterie) en 1792. Il eut le pied fracassé le 2 décembre 1792 d'un coup de feu à Saint-Domingue. Obligé de rentrer en
France pour se soigner, les commissaires de la Convention le forcèrent
à démissionner en 1793. Il mourut en Brumaire an VIII.

velle garde et aux quatre officiers municipaux qui en répondent sur leur tête, que son intention était que vous puissiez entrer, sortir ou rester dans leur prison si vous le jugiez à propos. Il me serait difficile de vous nommer les personnes qui ont eu assez d'influence sur son esprit pour en arracher un ordre aussi positif, mais ce que je peux vous dire c'est que ce gouverneur n'est pas méchant. »

Au sortir donc de mon appartement dont les fenêtres au rez-de-chaussée donnaient sur une rue étroite, je m'aperçus que j'avais eu pendant la nuit deux sentinelles qui en défendaient l'accès et que de distance en distance jusqu'à mon arrivée à l'hôtel commun, je rencontrais des sous-officiers complètement armés; je commençai dès lors à croire que ce même major les y avait placés et qu'il désirait autant que les officiers de son régiment faire main basse sur tout ce qui pourrait entraver notre marche. Bref je pénétrai enfin dans la première salle de cet hôtel, elle était attenante à celle où étaient renfermés mes camarades; elle était remplie de grenadiers, de chasseurs de cet excellent régiment et d'une compagnie de braves et généreux créoles qui s'étaient volontairement réunis à eux. Le chevalier d'Assas, me donnant le bras, fit ouvrir la porte de cet antre infernal et nous y entrâmes de cette manière ensemble.

M. de Villevielle s'y promenait à grands pas, les autres officiers, harassés sous le poids de l'ennui, étaient étendus çà et là comme des criminels qui attendent le moment de leur exécution. Les quatre

officiers municipaux revêtus de leurs écharpes tricolores étaient tristement accoudés sur une grande
table ronde, à moitié endormis et désirant peut-
être voir finir une scène qui devait les couvrir de
honte. Les choses étaient bien changées depuis que
les patriotes s'étaient vus forcément remplacés par
des troupes de ligne et des habitants. Aussitôt que
M. de Villevielle m'aperçut, son premier mouvement fut de venir se précipiter dans mes bras, mais
sans pouvoir proférer une parole, mes autres amis
en firent autant. Plus qu'eux peut-être je jouissais
du spectacle touchant qui me réunissait à eux. Rompant moi-même un silence assez long, je leur dis :
« Je viens ici partager votre sort, mon devoir et mon
attachement pour vous m'imposent cette obligation.
— Non, non, me répondent-ils, ce dévouement
généreux nous serait d'autant plus fatal que ta présence ici affaiblit déjà l'espoir que nous avions de
recouvrer notre liberté. Tu vois, nous ne pouvons
t'en dire davantage, adieu, quitte-nous de suite et
s'il est possible nous comptons sur toi. » Je restai, je
l'avouerai, stupéfait de ce que je venais d'entendre
et je ne savais plus, ni ce que je voulais leur répondre,
ni ce que j'avais à faire. Le seul major d'Assas me
tira de mon incertitude en me disant : « Sortons d'ici,
ces messieurs l'exigent et moi je vous en prie. »

Dès lors je n'hésitai plus et je le suivis jusque sur
les marches du grand escalier où il me laissa un instant pour s'entretenir avec l'officier de son corps
qui commandait le poste. Revenant auprès de moi

d'un air satisfait, nous retournâmes ensemble chez M. de Blanchelande déjà informé par son aide de camp de ce qui venait de se passer. « Je suis fort aise, me dit-il, que vous ayez pris le prudent parti de revenir ici; maintenant je peux vous assurer que vos camarades sortiront demain de l'endroit où ils sont renfermés. Mais ils doivent désormais renoncer, ainsi que vous, monsieur, à tout espoir de remettre les pieds sur la frégate la *Didon!* En conséquence, d'accord avec monsieur de Girardin, vous serez tous embarqués sur le premier bateau de guerre qui partira pour la France; en attendant cet instant, vous passerez de suite sur la corvette la *Fauvette*, conjointement avec vos sept élèves et volontaires qui ont donné lieu aux désagréments que vous avez éprouvés. Quant à votre capitaine, monsieur de Villevielle, je le destine pour le moment à attendre sur le vaisseau l'*Éole*, le jour du départ de cette corvette. De cette manière vous subirez ensemble le même sort à votre arrivée à Rochefort. » Je fus d'abord indigné de cette détermination barbare qui, nécessairement, devait nous replacer dans une position aussi fâcheuse que celle où nous nous trouvions encore, mais l'espérance de nous emparer de vive force de nos conducteurs pendant notre traversée chassa bientôt de mon imagination les idées lugubres qui la tenaient absorbée. J'affectai même d'être satisfait de cette sentence, quelque terrible qu'elle fût, et je me retirai dans l'appartement que j'avais occupé la veille. Mais là, seul, livré à moi-même une seconde fois, je formai mille projets qui se détruisaient aussitôt par la presque impossibilité de les exécuter.

Enfin le lendemain matin on vint m'avertir que mes camarades étaient sortis de leur prison et que j'eusse à me réunir à eux avant d'arriver à l'embarcadère. Cette nouvelle me fit tellement précipiter mon départ de chez M. de Blanchelande que ce ne fut qu'après les avoir joints qu'ils me firent apercevoir que j'avais à ma suite deux sergents de grenadiers qui me souhaitaient une meilleure fortune. « Braves gens, soldats fidèles, leur dis-je, puissiez-vous longtemps jouir de la douce satisfaction d'avoir empêché qu'il se fût commis un assassinat épouvantable! Adieu! » Mes camarades étaient également escortés par une compagnie de chasseurs de ce même régiment et par cinquante jeunes créoles armés. De cette manière nous parvînmes fort heureusement ensemble jusqu'au bord de la mer, où des chaloupes avaient été préparées pour nous conduire à notre nouvelle destination.

M. le comte de Boisgelin de la Viefville, lieutenant de vaisseau, capitaine de la corvette sur laquelle nous mettions les pieds, était absent; il fuyait non sans raison notre présence après nous avoir abandonnés dans ces moments de crise et fait ensuite de fortes représentations à M. de Blanchelande sur notre embarquement sur son bâtiment de préférence à des vaisseaux marchands que l'on emploie assez ordinairement pour le transport des prisonniers (Nos sept jeunes gens rallièrent aussitôt, assez mécontents du traitement de M. de Boiron.) Nous ne trouvâmes donc à son bord qu'un sous-lieutenant de vaisseau de service, qui sans doute, déjà instruit par son commandant de la conduite qu'il devait tenir avec nous, nous reçut avec si peu d'égards et ses gens avec si peu d'honnêteté que nous jugeâmes bien vite que de nouvelles tribulations nous étaient encore réservées.

Cependant, comme aucun logement particulier ne nous y avait été désigné et que nous étions harassés de fatigue, nous prîmes sur nous de nous emparer de la chambre du conseil garnie suivant l'usage d'armes de toute espèce. En les voyant à notre disposition, la première idée qui se présenta à notre imagination fut de nous en munir et, après nous être défaits d'une partie de ce malheureux équipage, de couper les câbles et mettre à la voile pour les Iles du Vent. Mais pour effectuer cet audacieux dessein, quels nouveaux obstacles n'avions-nous pas à franchir, placés comme nous l'étions entre un vaisseau de 74 canons, deux frégates de guerre bricks, rapprochés des batteries de terre et particulièrement de celle du fort Picolé qui nous auraient écrasés en un instant et d'ailleurs comment pouvoir sortir pendant la nuit de ce port dans lequel on ne peut entrer pendant le jour qu'avec l'aide d'un pilote... Ces réflexions prudentes nous amenèrent insensiblement à adopter le seul plan qui convenait à notre situation, celui de la résignation!

Cette journée se passa tranquillement, mais le

soir cette même Providence qui jusqu'alors nous avait sauvés de tant de dangers, nous préserva de nouveau de celui non moins effrayant que nous allions courir!... Un de nos braves volontaires de la marine, M. le chevalier d'Espinose, jeune homme d'un sang-froid extraordinaire et plus vigilant que la majeure partie de ses camarades, n'était pas sans inquiétude sur notre position. Il veillait attentivement lorsque ceux-ci dormaient et ce fut à sa grande prévoyance que nous dûmes notre salut. Ce volontaire faisait de temps à autre quelques promenades dans la batterie à barbet de cette corvette, sous le prétexte d'y respirer un air moins chaud que celui de la chambre que nous occupions tous pêle-mêle. Fatigué de ces courses, il prit le parti de s'asseoir sur l'affût d'un canon et s'y assoupit. La nuit arrive, il est réveillé par quelques bruits qui ont lieu près de lui, il prête aussitôt l'oreille et entend très distinctement ces dernières paroles d'une conversation : « C'est convenu, à minuit, ils dormiront profondément, nous en aurons beau jeu. » Ce prudent jeune homme dont les vêtements ne ressemblaient plus à ceux qu'il portait ordinairement, se garda bien de quitter sa place de peur d'être reconnu, mais dès qu'il jugea qu'il pouvait la laisser sans crainte d'être aperçu, parvient à pas lents jusqu'à nous et nous raconte ce qu'il vient d'entendre. Sur-le-champ nous nous saisîmes des armes et l'un après l'autre nous montâmes sur l'extrémité de la poupe de ce bâtiment où nous nous étendîmes en plein air mais sans dormir, car un péril de cette nature tient éveillé l'homme le plus courageux.

Enfin cette heure fixée était à peine sonnée qu'une bande de matelots et de soldats appartenant à cet équipage s'avance sur nous. « Aux armes ! aux armes ! s'écrie M. d'Espinose, ce sont nos assassins ! » Ces malheureux se voyant découverts et redoutant nos coups fuient en toute hâte, les uns se précipitent dans la cale, d'autres plus ingambes gagnent le haut des mâts et le reste, en y comprenant le sous-lieutenant de garde, se lancent dans les bâtiments à rames amarrés le long du bord, ils en coupent le câblot et s'échappent en criant aux équipages des autres vaisseaux de venir à leur secours. Fort heureusement pour nous les cris de ces gens devenant impuissants, ils se réfugièrent à terre en attendant que leur capitaine les reconduisît à leur bord le lendemain. Cependant les officiers de service sur ces mêmes vaisseaux entendirent très bien d'où partaient les clameurs et peut-être même devinèrent-ils le motif qui les excitait, mais ils jugèrent à propos de n'y point faire attention. Celui de l'*Éole* fut le seul qui, sur-le-champ, en prévint M. de Girardin qui, sans perte de temps, nous envoya son officier d'ordre, M. Nourry de Bénouville, pour s'informer et lui rendre compte de l'événement qui venait d'avoir lieu, en nous prêtant assistance en cas de besoin. « Vous direz, monsieur le major, à monsieur de Girardin qu'il devrait savoir depuis longtemps que nous ne nous laisserons jamais égorger sans nous défendre, que ses offres trop tardives deviennent inutiles parce que, comme vous le voyez, nous sommes maîtres du champ de bataille et qu'il est enfin temps de nous donner un asile plus décent et plus sûr. » Sur cet exposé, le commandant de la station navale osa prendre sur lui de nous recevoir sur son vaisseau à l'exception des sept jeunes gens qui restèrent à la disposition de M. de Boisgelin pour être conduits et jugés au premier port de France où ils aborderaient.

Cette séparation fut cruelle de part et d'autre, nous nous embrassâmes comme des gens qui devaient ne plus se revoir et qu'un même sentiment avait constamment réunis. Le 6 décembre, nous les perdîmes de vue. Quant à nous, quoique nous fussions condamnés à la même déportation sur des vaisseaux marchands, nous n'en goûtâmes pas moins sur l'*Éole* toutes les douceurs d'un repos dont nous avions un si grand besoin.

Vainement ensuite M. de Girardin employa-t-il tous les moyens possibles auprès de M. de Blanchelande, non seulement pour l'engager à rétracter sa première sentence à notre égard, mais même pour le convaincre de la nécessité de faire retourner sur la frégate la *Didon*, son capitaine et son état-major. Ce que n'osa prendre sur lui un gouverneur général, ce que la pusillanimité de M. de Girardin empêcha d'entreprendre, fut exécuté par un homme dont la moralité et la façon de penser diffèrent diamétralement de celle de ces deux chefs; et voici comment :

Trois commissaires [1] choisis par l'Assemblée Nationale de France arrivèrent ici avec des pouvoirs si étendus que leur réception fut aussi brillante que celle qui sous le régime de nos rois aurait été faite à un prince de leur auguste famille. J'en passe sous silence les détails dont le souvenir me fatigue encore. Cependant les premiers moments d'un enthousiasme dégoûtant passés, le citoyen Mirbec [2] en tête de ces nouveaux héros qui par leur présence devaient anéantir toutes les factions et les ennemis-nés de cette importante colonie, se fit rendre compte de sa situation et particulièrement de celle de cette ville que les mulâtres et les nègres maîtres de la campagne tenaient assiégée de toutes parts. Ce rendement de compte qu'il se trouvait à même de vérifier, lui prouva bientôt que cette île allait forcément passer sous la domination des gens de couleur et qu'en conséquence il était urgent que la Nation française s'emparât provisoirement des richesses qu'elle pourrait y trouver sans trop faire attention à ceux à qui elles pouvaient appartenir. C'était là assez l'usage à cette époque brillante de notre histoire !...

Jusqu'alors M. de Girardin s'était abstenu d'aller plier le genou devant ces idoles, il hasarda tou-

1. Les commissaires extraordinaires Mirbeck, Roume et Saint-Léger.

2. Frédéric-Ignace de Mirbeck, né à Neuville en Lorraine, le 1er mai 1732, mort le 26 décembre 1818, avocat au Parlement de Nancy et conseiller particulier de Stanislas Leczinski; il vint à Paris en 1774, et y acheta la charge d'avocat aux conseils et secrétaire du Roi. Il fut directeur de l'Opéra de 1797 à 1799.

tefois une première visite dont il eut lieu de se louer. Sur ce que le citoyen Mirbec lui témoigna son étonnement de n'avoir pas encore vu aucun des officiers de la marine sous ses ordres, M. de Girardin lui en expliqua les motifs en lui racontant l'événement fâcheux qui leur était arrivé et dont le résultat affreux pesait toujours sur leurs têtes. A ce récit, M. Mirbec ne put retenir un premier sentiment d'indignation contre M. de Blanchelande. « Soyez tranquille à cet égard, monsieur le commandant, vos officiers ne partiront pas pour la France et la frégate sur laquelle ils sont venus généreusement secourir les infortunés habitants de cette contrée leur sera rendue. »

Effectivement le [14 décembre 1791] M. de Blanchelande envoya à M. de Girardin cet ordre si désiré et le même jour nous nous emparâmes sans coup férir de notre ancienne demeure mobile. Mais notre apparition aussi subite qu'inattendue répandit sur nos gens une si grande consternation que son empreinte était tracée sur les physionomies des principaux coupables d'entre eux. D'ailleurs notre morne silence à leur égard, notre air sévère et notre juste indignation leur firent dès lors présager un orage terrible qui devait nécessairement les atteindre, en supposant toutefois qu'il nous fût permis de retourner aux Iles du Vent. Cependant dans cette nouvelle position nous sentîmes qu'il était indispensable de passer pour le moment l'éponge sur le passé, et ce plan arrêté, nous nous fîmes une loi de l'exécuter pendant le court séjour que nous fîmes dans ce port après notre rentrée sur cette frégate.

Dans le dénuement presque total où la plus grande partie de nous se trouvait, soit d'argent soit de linge ou d'habits, notre premier soin fut de nous rendre dans nos chambres, avec, il est vrai, peu d'espoir d'y retrouver ces objets dont nous avions un besoin si pressant. Nous les trouvâmes toutes ouvertes et par conséquent nos effets exposés depuis notre absence à la rapacité publique. Cependant je dois avouer que rien n'en fut distrait. Mais quel fut ensuite le résultat de notre modération et de notre douceur à l'égard de cet équipage honteux de paraître devant nous! Dans un instant nous en perdîmes les deux tiers par la désertion nocturne. Matelots et soldats se glissaient furtivement dans la mer et tâchaient d'atteindre à la nage soit quelque bâtiment marchand où ils étaient reçus avec empressement, soit le rivage où les patriotes leur accordaient asile et protection. Un grand nombre de ces malheureux fut dévoré pendant le trajet par les requins qui fourmillent dans ce havre. Nous ne comptâmes bientôt plus que soixante-douze hommes à notre disposition. Dans ce triste état de choses, M. de Villevielle crut devoir en référer au citoyen Mirbec dont l'autorité suprême pouvait seule mettre un terme à un tel désordre. Au surplus il lui fit observer que, vu l'acharnement que l'on mettait chaque jour à le dépouiller de ses forces afin de l'obliger à renoncer à son commandement, il attendait de sa justice l'ordre de retourner à la Martinique. Cette dernière demande souffrit d'abord quelques difficultés, mais enfin elle fut accordée par l'intermédiaire de M. de Girardin.

Si cette heureuse nouvelle nous causa une joie difficile à décrire, d'un autre côté elle mit le comble à la rage impuissante du peu d'hommes qui nous restaient. Mais ce qui excita particulièrement notre admiration, ce fut la conduite à jamais digne d'éloges du mulâtre Lacausse dont j'ai déjà parlé. Au moment où nous allions mettre à la voile, il se présenta à M. de Villevielle et lui dit : « Je viens vous présenter trois de mes parents forts, robustes et royalistes comme vous ; ils sont aisés comme moi et ne vous demandent d'autre salaire pour nous accompagner à la Martinique que l'honneur de vous être utiles pendant cette traversée. » M. de Villevielle, ému jusqu'aux larmes du dévouement aussi généreux que désintéressé de ces braves gens, accepta avec reconnaissance leurs services et donna sur-le-champ des ordres pour qu'ils fussent traités comme ils le méritaient. Le 24, à la pointe du jour, profitant d'une faible brise de terre et avec l'assistance de l'équipage du vaisseau l'*Éole*, nous sortîmes de cet antre infernal où nous avions été abreuvés d'amertumes et d'outrages par ceux mêmes qui auraient dû nous estimer davantage.

CHAPITRE VI

PREMIERS DÉSACCORDS AVEC
LE GOUVERNEUR GÉNÉRAL

Délivrance des élèves de la marine embarqués de force pour la France
à la suite des événements du Cap. — Leur réintégration dans la division de M. de Rivière. — Mécontentement de M. de Béhague. —
Renvoi d'une partie de la division à la Guadeloupe. — Une révolte
sur la *Didon* est étouffée grâce à l'énergie de son commandant
M. de Villevielle. — Les marins de commerce s'agitent. — Les
officiers de la marine royale interviennent. — Ils ne sont pas soutenus
par le gouverneur général.

Le 13 janvier 1792, après une navigation heureuse, nous mouillâmes dans la rade du Fort-Royal
(Martinique) au grand étonnement de MM. de Rivière et de Béhague qui ne se doutaient en aucune
manière du motif qui nous ramenait sous leurs ordres.
Mais, bientôt instruits de la conduite scandaleuse
qu'on avait tenue au Cap à notre égard, ils témoignè-
rent hautement leur vive indignation. Nous fûmes
d'un autre côté si charmés de la réception flatteuse
de nos camarades et des principaux habitants de cette

île que nous oubliâmes bien vite tous les moments pénibles que nous avions éprouvés depuis notre séparation.

Cependant, après les premiers jours donnés à la joie de se revoir et de se festiner, nous pensâmes sérieusement à faire recruter sur les vaisseaux marchands les matelots dont nous avions un si pressant besoin et dont ils pouvaient à la rigueur se passer. Un mois donc fut employé à cette démarche qui fut couronnée de succès. Il en fut de même de nos soldats déserteurs que M. de Béhague fit remplacer par un détachement d'infanterie tiré du régiment Maréchal de Turenne. Ainsi nous voilà, comme avant notre catastrophe, remis en état d'exécuter toutes les missions qui pourraient nous être données, regrettant toutefois nos infortunés jeunes gens dont la présence nous eût été si utile avec un nouvel équipage formé à la hâte de toute espèce de gens qui exigeaient de notre part une surveillance particulière.

Je me rappelle qu'un soir (c'était le 24 février), nous en parlions avec l'intérêt qu'ils nous inspiraient lorsque le lendemain matin nous vîmes entrer dans le port un petit bâtiment marchand sous pavillon américain et sur lequel ils étaient embarqués en qualité de passagers. Quelle agréable surprise de part et d'autre, eux de nous retrouver à la Martinique et nous de les voir échappés de tant de dangers ! « Dieu soit loué, nous dirent-ils après avoir entendu notre histoire, voici la nôtre :

» Il vous souvient de cette matinée où, plus heureux

que nous, vous fûtes transférés sur le vaisseau l'*Éole* et nous condamnés à rester sur la corvette la *Fauvette* au milieu de nos lâches ennemis revenus à leur poste sous l'égide de leur capitaine. Le premier soin de ce dernier en nous apercevant, fut de nous ordonner de remettre nos armes au lieu où nous les avions prises et de nous signifier d'un air sévère de ne jamais en approcher. « Je permets cependant, nous dit-il encore, » que vous mangiez ensemble et des rations vous seront » distribuées comme aux autres individus de mon équi- » page. » Cette signification prononcée publiquement et sans réplique de notre part, nous mîmes à la voile bien plus navrés de ce que nous venions d'entendre que du sort qui nous était réservé car l'espérance de nous sauver ne nous abandonna jamais. Notre traversée jusque sur les Iles Bermudes fut assez heureuse, mais après les avoir dépassées nous fûmes surpris par un coup de vent de nord-ouest qui nous obligea de mettre à la cape et de rester dans cette position fatigante pour un bâtiment à coffre jusqu'à un changement de temps plus favorable. Monsieur de Boisgelin s'imagina alors que ses pompes n'avaient été mises en mouvement que pour étancher l'eau que chaque coup de mer nous laissait à bord et, comptant sur la bonté et la solidité des fonds de sa corvette, il s'inquiétait fort peu des résultats de cet orage. Cependant il changea bientôt de manière de voir et d'agir lorsque son maître calfat vint lui rendre compte que ces mêmes pompes devenaient insuffisantes et que le volume d'eau contenu déjà dans la

cale allait toujours en augmentant. « Il s'est déclaré
» dans la partie submergée une voie d'eau si considé-
» rable, ajouta-t-il, qu'il me serait impossible de la
» boucher à la mer. » Cette observation était trop
puissante pour que monsieur de Boisgelin, son conseil
entendu, ne prît sur-le-champ la détermination d'arriver dans un port qui devait l'éloigner le moins
possible de sa destination première. En conséquence
il prit route pour la Jamaïque où nous mouillâmes
au port de Kingstown harassés par la fatigue et la
misère.

» C'est ici, nous disions-nous tout bas, que nous
devons recouvrer notre liberté si nous pouvons parvenir à faire tenir au gouverneur général de cette
colonie anglaise une lettre dans laquelle nous lui
dépeindrons nos malheurs, ceux qui nous menaçent
dans l'avenir, si à l'aide de sa protection il ne vient
à bout de nous en délivrer. Cette lettre fut faite en
un instant, mais par qui et comment la lui faire
remettre sans nous compromettre davantage et sans
compromettre toute personne de cet équipage qui
aurait bien voulu s'en charger? Nous épiâmes donc
le moment où un des ingénieurs constructeurs de cet
établissement se rendît à bord pour examiner en
détail les avaries survenues à ce vaisseau et le mettre
en état de reprendre sa route. En passant près du
lieu où nous étions il fixa les yeux sur nous. Nous le
saluâmes d'un air triste et comme des gens qui
avaient quelque chose à lui communiquer. Il nous
comprit puisque, après avoir fait sa première inspec-

tion, il se rapprocha tellement de nous que nous pûmes lui remettre furtivement la lettre sur laquelle reposaient toutes nos espérances ; il la prit de la même manière et, sans mot dire, il la mit dans sa poche puis se retira.

» Le même jour on fit haler cette corvette le long du beau môle qui sert à caréner, à charger et à décharger les vaisseaux marchands et sur le soir elle y était amarrée et nous gardés à vue plus que jamais ! Le lendemain dans la matinée, une frégate de guerre appartenant à cette station laissa le poste qu'elle avait occupé dans ce port pour mouiller par notre travers à une très petite portée de pistolet ; au même instant un détachement d'infanterie envoyé sans doute de la ville vint se former en bataille sur le bord de ce même môle sur lequel déjà on commençait à déposer nos effets. Ces mesures nous parurent hostiles et monsieur de Boisgelin se regardait comme prisonnier de guerre, maudissait par avance la mauvaise étoile qui l'avait conduit chez des étrangers avec lesquels il se croyait en pleine paix. Cependant ses craintes à cet égard furent bientôt dissipées par la prompte apparition d'un aide de camp du gouverneur général qui lui remit une lettre dont nous ignorions encore le contenu. Mais ce que nous sûmes positivement c'est qu'elle avait donné lieu publiquement à une très vive altercation entre lui et cet officier anglais et qu'après avoir protesté hautement contre la conduite de ce gouverneur, il avait ordonné, pour éviter de plus grands malheurs que nous fussions mis à sa disposition. Qu'on juge donc de notre joie en revoyant le jour et de notre reconnaissance envers notre libérateur. Nous demandâmes alors à cet aide de camp de nous conduire chez Son Excellence pour la remercier de ses bontés. Mais le lieutenant de la frégate dont je viens de parler, survenu au moment où nous avions mis pied à terre, nous dit qu'il avait reçu l'ordre de nous emmener avec lui sur le vaisseau amiral et qu'il nous priait de nous embarquer dans son canot. « Soyez sans inquiétude, ajouta-t-il, vous » êtes libres, je vous en donne l'assurance. » L'amiral, en nous voyant, parut prendre un certain intérêt à notre position en nous faisant quelques offres de service que la nécessité nous força d'accepter et que nous espérons reconnaître aussitôt que nos moyens pécuniaires nous le permettront. Enfin, après cette visite nous passâmes quelques jours dans la ville principale de cette île où nous vînmes à bout de fréter le bâtiment que vous voyez et nous voilà heureusement rendus auprès de vous! Maintenant nous allons rendre nos devoirs à monsieur de Béhague et prendre ses ordres; fasse le ciel qu'il nous traite avec la même bonté que monsieur de Rivière!» Mais leur attente à cet égard fut cruellement trompée, ce général ne se contenta pas de les traiter de la manière la plus sévère en paroles, il ajouta à cette dureté l'ordre à l'intendant, M. Petit de Viévigne, de faire retenir sur leurs médiocres appointements toutes les dépenses qu'ils s'étaient permis de faire depuis la séparation de leur frégate. Cette cruauté déplacée, dans cette circonstance, produisit un effet diamétralement opposé au châtiment que ce gouverneur général voulait leur infliger, car à peine en fut-on instruit que toutes les bourses s'ouvrirent, que leurs dettes furent payées et qu'enfin M. de Rivière prit sur lui de les faire réembarquer sur la *Didon*.

Je ne puis m'empêcher d'observer ici que depuis quelque temps M. de Béhague, mieux informé que nous de la situation de la France, avait singulièrement changé de manière de voir et d'agir et qu'on ne reconnaissait plus en lui l'homme sur lequel les royalistes de ce pays avaient fondé leurs espérances. D'un autre côté le corps de la marine n'avait pas vu avec indifférence ce changement de système qui le compromettait chaque jour davantage et dont l'impunité était le résultat... En un mot M. de Béhague devenait ici plus nuisible qu'utile, la suite le fera mieux connaître.

La conduite que nous venions de tenir avec nos infortunés camarades nouvellement arrivés devait encore augmenter une ancienne haine que l'on conservait aux officiers de la marine royale et dont on se plaisait à leur donner un échantillon. En voici un : J'ai dit que M. de Béhague avait accordé à M. de Villevielle pour être embarqué à son bord un détachement d'infanterie tiré du régiment Maréchal de Turenne en remplacement de celui de la marine déserté en grande partie au Cap français. A peine nos sept jeunes gens furent-ils embarqués avec nous, que le capitaine qui les commandait reçut l'ordre de les débarquer et d'aller reprendre sa garnison dans le fort Bourbon. Et dans quel moment cet ordre fut-il exécuté? Au moment même où nous étions envoyés à la Guadeloupe pour y ramener les députés de l'assemblée coloniale de cette île auprès de ce gouverneur général... Quelle imprudente animosité! Exposer tout un état-major à être encore en proie à la vengeance d'un équipage peu sûr et à renouveler la scène scandaleuse de l'enlèvement de la frégate l'*Embuscade*.

Cependant, quoique M. de Villevielle connût le danger de la position où il allait se trouver par suite de cette diminution de forces imposante il n'en prit pas moins le parti de suivre sa destination (mars 1792). Nous arrivâmes donc fort heureusement au mouillage de la Basse-Terre (Guadeloupe) et au même instant les principaux habitants de cette ville voulurent nous témoigner par des fêtes brillantes tout l'intérêt que leur inspiraient nos malheurs passés et les services importants que nous leur avions rendus dans le mois de septembre dernier. Le riche négociant Pédémonté, d'origine italienne, fut le premier qui débuta, vint ensuite M. Angeron, non moins opulent que ce dernier mais plus recherché et plus grand dans ses manières. Malheureusement pour nous, le jour fixé pour nous rendre à son invitation nous fûmes soudain avertis qu'il existait parmi nos gens un complot d'enlèvement de cette frégate aussitôt que ses officiers l'auraient quittée pour aller à terre. Mais ne cachant point assez cet horrible projet, ils commencèrent trop tôt à le dévoiler par quelques marques d'insubordination que nous réprimâmes au même instant. M. de Villevielle hésita un moment sur ce qu'il avait à faire. « Trop prévenir un soulèvement, nous disait-il, c'est avoir l'air de le craindre et n'avoir jamais une étincelle de repos. Le réprimer au contraire les armes à la main c'est l'anéantir pour longtemps, ainsi donc descendons à terre où nous sommes attendus ; toutefois six d'entre vous, messieurs, resteront à bord pour aider au besoin l'officier de garde et mon neveu [le chevalier de Préville] qui ne peut se déterminer à nous accompagner. » Cette dernière détermination prise, nous nous embarquâmes dans notre grand canot et bientôt nous eûmes franchi la courte distance que l'on comptait du lieu où nous étions à l'ancre à celui du rendez-vous ; il était alors dix heures du matin. Nous trouvâmes chez M. Angeron une assemblée nombreuse dont la gaieté augmentait en raison de la bonne chère et des vins exquis qu'on lui servait. Mais cette franche gaîté à laquelle nous participions de tout notre cœur, fut troublée par l'avis que nous reçûmes du commencement de l'exécution du projet dont j'ai parlé et que nos camarades assaillis de toutes parts couraient les plus grands dangers. Aussi prompts que l'éclair nous nous jetâmes dans notre canot et à force de rames nous vînmes à leur secours. Nous montâmes sur notre frégate le sabre entre les dents, mais sans coup férir parce que les trois principaux chefs de cette révolte, nous voyant arriver aussi promptement, s'étaient jetés dans la mer pour regagner le rivage et avaient lâchement abandonné les gens qu'ils avaient mis en mouvement. J'observe ici que deux d'entre eux furent tués par l'effet de leur chute maladroite dans l'eau et que nous fîmes prendre le troisième (le nommé André Blanc, officier marchand) sur un bâtiment marchand à bord duquel il s'était réfugié. Sa sentence de mort lui fut prononcée au même instant et son exécution eut lieu cinq minutes après. Quant aux autres coupables, nous en fîmes fustiger fortement une partie et nous fîmes grâce à l'autre. Cependant la multiplicité de ces châtiments justes et sévères avait attiré sur le bord du rivage près duquel nous étions un grand concours de gens de toutes classes qui attendait avec impatience le résultat d'une scène qui pouvait avoir plus ou moins de droit à son intérêt. Je leur dois cependant cette justice, que la masse d'entre eux faisait des vœux sincères pour nous et certes, nous en eûmes une preuve non équivoque en retournant assister à la fête que nous avions laissée avec tant de précipitation deux heures avant, car en débarquant à terre nous fûmes couverts d'éloges et d'applaudissements.

Deux jours après cet événement, nous retournâmes à la Martinique dans la ferme persuasion que M. de Béhague approuverait la conduite que nous venions de tenir à la Basse-Terre en présence des principaux habitants de cette colonie qui l'avaient admirée. Mais notre espérance fut de courte durée, ce général blâma singulièrement M. de Villevielle d'avoir provoqué l'insurrection et de l'avoir terminée d'une manière aussi terrible. M. de Rivière, au contraire, qui ne connaissait d'autres lois que celles écrites dans les ordonnances de nos rois, le loua hautement de la fermeté qu'il avait déployée dans cette circonstance et dont les suites lui assuraient désormais un équipage craintif et plus soumis.

Sur ces entrefaites (avril), M. de Mallevault, commandant la frégate la *Calypso*, fut désigné pour aller prendre le commandement de la rade que nous venions de quitter. Cet officier avait de puissants motifs, après ce qui nous était arrivé, de croire que messieurs les marins marchands et autres petits blancs leurs affidés se conduiraient d'une manière plus modérée. Son intention était néanmoins de les soumettre par la force s'ils s'en écartaient un seul instant. Cependant la présence de son bâtiment à la Basse-Terre, loin de porter quelque effroi dans l'âme de ces perturbateurs insensés, ne fit qu'augmenter leur insolence et leur audace envers les officiers de la marine royale qu'ils rencontraient dans les rues ou sur les promenades publiques de cette ville. Ces scènes scandaleuses répétées assez souvent donnèrent lieu à quelques duels qui ne furent pas à l'avantage des premiers. Mais à la longue les derniers n'auraient pas manqué de succomber, vu leur petit nombre, si des jeunes habitants, instruits des dangers qui les menaçaient, ne fussent venus se joindre à eux pour les faire repentir de leur témérité. Cet orage calmé en apparence dans cette partie de l'île de la Guadeloupe se portait avec la même violence sur celle de la Martinique et particulièrement sur la ville de Saint-Pierre, reconnue depuis le commencement de notre Révolution comme le réceptacle de l'écume de la canaille française.

M. le vicomte d'Aché, commandant la corvette le *Maréchal de Castries* dans la rade de Saint-Pierre, avait déjà informé plusieurs fois M. de Béhague par l'entremise de M. de Rivière de ce dangereux état de choses et de la nécessité urgente d'y mettre un terme. Mais ces représentations n'ayant pas été écoutées et fatigué d'un silence calculé sans doute d'après les événements effrayants survenus dans notre malheureuse patrie, dont ses colonies d'outre-mer venaient aussi d'être les victimes, il prit enfin le parti d'écrire à ce timide gouverneur une dernière lettre dans laquelle il lui disait : « Vous serez bientôt forcé pour sauver ce pays et votre tête d'en venir aux mains avec ces factieux, prenez garde que ce ne soit trop tard. » Mais ces mêmes factieux n'étant que les disciples soumis de ceux qui gouvernaient la France à cette époque et auxquels M. de Béhague était redevable de la décoration du grand cordon de l'ordre de Saint-Louis qu'il venait de recevoir, il lui était bien difficile de ne pas exécuter leurs ordres en ne les combattant pas. De là sa criminelle hésitation. Cependant les circonstances devinrent si impérieuses qu'il fut forcé de faire quelques démonstrations passagères de sévérité. Toutefois M. d'Aché, n'ayant pas à sa disposition des forces suffisantes pour faire rentrer dans leurs devoirs les marins marchands, en sollicita auprès de M. de Rivière qui prit sur lui de lui annoncer que sous peu le renfort qu'il sollicitait lui serait envoyé.

Déjà, à cette époque, il était nouvellement arrivé dans cette rade un très grand vaisseau, le *Pavillon national*, venant de Bordeaux, sous le commandement du capitaine La Chaise, révolutionnaire fougueux dont la conduite devint bientôt si suspecte que M. de Rivière, sur la demande de M. Dubuc, président de l'assemblée coloniale de cette île, lui ordonna de repartir sans délai pour le port dont il était sorti, et fit aussitôt embarquer à son bord une centaine d'hommes bourgeois et militaires dont la présence ici devenait chaque jour plus dangereuse. Cependant ce capitaine, toujours sous de nouveaux prétextes, différait son départ, et sa fréquentation habituelle des personnes qui pensaient comme lui fit naître des soupçons sur la nature de son chargement. En conséquence M. de Rivière, après avoir ordonné à M. de Villevielle de faire faire cette visite par ses officiers, lui enjoignit d'aller mouiller sa frégate à portée de pistolet de ce vaisseau et de le couler en cas de résistance. Cette manœuvre exécutée au même instant, je fus nommé pour cette opération plus fatigante que dangereuse. Cependant comme je devais pénétrer jusque dans la cale pour m'assurer

positivement si elle ne contenait pas des effets de
guerre, je pris avec moi un élève et un volontaire de
la marine, MM. de Mandat et de Saint-Aubin, que
je fis armer comme je l'étais moi-même et aussitôt
nous montâmes à son bord que nous parcourûmes
sans faire aucune rencontre de ce genre. Mais parvenus près de la soute aux lions, nous trouvâmes,
cachées sous un amas de paille, quatre pièces de
canon de bronze du calibre 8 et, non loin d'eux,
leurs affûts de campagne. Ce capitaine, stupéfait de
cette découverte, ne savait que répondre aux questions que je lui faisais sur la destination de cette
artillerie : « Vous viendrez avec moi, lui dis-je alors,
vous expliquer avec monsieur de Rivière et je vous
somme de me suivre. — Je n'en ferai rien, me
répondit-il d'un ton plus assuré. Ces braves gens
qui m'entourent et que vous chassez si indignement
de ce pays ne permettront pas que l'on maltraite
leur capitaine en l'arrachant forcément de son vaisseau. — Mort ou vif, vous viendrez avec moi,
lui repartis-je en lui mettant sur la poitrine la
bouche d'un de mes pistolets, et malheur à quiconque s'opposerait à cette détermination ! » Alors
sans hésiter davantage, je le fis jeter dans mon
canot et le conduisis auprès de M. de Rivière qui,
sous bonne escorte, le fit conduire chez M. de
Béhague afin qu'il ordonnât sa mise en jugement.
Mais ce gouverneur, bien loin de partager les désirs
des officiers de la marine royale, s'opposa de tout
son pouvoir à ce qu'aucun mal ne lui fût fait et lui

rendit sa liberté en l'engageant à partir le jour même de ce port...

Ce capitaine, au lieu de suivre la destination qui lui avait été prescrite, se rendit et mouilla dans la rade de Saint-Pierre non loin de la corvette que commandait M. d'Aché et débarqua pendant la nuit les cent et quelques hommes dont j'ai parlé plus haut. Ainsi, avec l'aide de ce secours, les mauvais sujets dont cette ville était remplie ne gardèrent plus aucune mesure; ils s'emparèrent de suite des batteries mal gardées de cette place, de celle de la côte qui conduit à Fort-Royal et levèrent enfin l'étendard de la révolte. Il appartenait à la marine royale de sauver encore une fois cette colonie, elle y mit tous ses soins et pour le moment coopéra singulièrement à sa tranquillité par la prompte apparition de ses forces navales destinées à écraser les habitants de cette ville rebelle s'ils eussent fait le moindre acte d'hostilité sur nos bâtiments de guerre. Je dois cependant dire ici que M. de Béhague, voyant la détermination de M. de Rivière à n'agir en pareil cas que de son autorité privée, partit également par terre accompagné d'une partie de ses troupes et d'un petit train d'artillerie de campagne pour placer l'ennemi entre deux feux. Mais les rebelles, instruits à temps de l'ardeur des troupes de terre et de mer à les combattre à outrance, abandonnèrent précipitamment leurs conquêtes, vinrent de nouveau se cacher dans leur ville et sur leurs vaisseaux. M. de Béhague, satisfait de cette expé-

dition, fit alors paraître une proclamation assez forte
qui annonçait que désormais il punirait sévèrement
quiconque oserait se soulever contre toute autorité
légitime. Mais il ne fit aucun de ces exemples frap-
pants qui arrêtent les complots et souvent les détrui-
sent et de là enfin il résulta que les personnes honnêtes le traitèrent de lâche, que la canaille s'en
moqua et qu'il perdit l'estime et la confiance des
militaires.

CHAPITRE VII

LE PAVILLON BLANC EST ARBORÉ

Échouage et perte de la *Didon*. — Nouvelles révoltes sur les vaisseaux de guerre. — Querelles entre officiers. — Plusieurs d'entre eux quittent le service et émigrent. — Une frégate arrive de France. — M. de Béhague qui veut la recevoir est retenu prisonnier par les planteurs royalistes. — Le pavillon royal est arboré à la place du drapeau tricolore. — La colonie fait cause commune avec les officiers et refuse de reconnaître Rochambeau le nouveau gouverneur. — Mécontentement et agitation des capitaines marchands.

Dans les premiers jours de juillet nous retournâmes au Fort-Royal d'où nous repartîmes bientôt après pour aller prendre le commandement du port de la Pointe-à-Pitre (Guadeloupe) et y passer l'hivernage. Le 14 nous fîmes route pour cette destination et le 17 la belle et forte frégate la *Didon* n'existait plus ! Son pilote côtier, dans lequel M. de Villevielle avait une confiance aveugle et imméritée, l'échoua sur la côte basse de bâbord qui forme un des côtés de l'entrée étroite de ce port et prit la fuite aussitôt après. Malheureusement pour nous, ce jour-là et ceux qui suivirent, les vents de l'est soufflèrent avec beaucoup plus de force que de coutume dans cette saison et M. de Villevielle ne connut le danger de sa position que lorsque tous les moyens de l'en tirer furent devenus insuffisants. Il fit aussi bien des fautes qu'un marin intelligent et de grand sang-froid n'aurait pas commises : la première et la plus marquante fut de faire alléger cette frégate avant de l'avoir bridée du côté du vent par de fortes ancres qui lui auraient été de suite envoyées de terre et qui sans doute, en la débarquant après, l'auraient empêchée de s'échouer davantage et insensiblement l'auraient remise à flot. Je crus dans le principe devoir lui en faire l'observation, mais un capitaine adhère-t-il toujours à l'avis d'un de ses officiers? Le 20, ce bâtiment se coucha fortement sur son côté de tribord, sa cale se remplit d'eau et sa mâture tomba; dès lors nous nous vîmes forcés de l'abandonner et de conduire notre équipage à bord d'un grand ponton destiné à la carène des vaisseaux...

M. de Rivière apprit avec douleur la nouvelle de cette catastrophe, qui nécessairement en devait entraîner bien d'autres. Son premier soin fut de dépêcher sur-le-champ la corvette la *Perdrix* sous le commandement de M. Duval pour sauver de ce naufrage l'artillerie et les autres effets encore submergés. Cette corvette étant arrivée, nos équipages furent de suite employés à ce service pénible qui ne fut pas de longue durée parce qu'une prétendue nuance d'opinion existait entre eux et qu'ils s'occupaient bien plus à se battre qu'à travailler. Dans cet état de choses, la voie de la douceur et de la conciliation devenant inutile, nous nous vîmes forcés d'en venir à celle des faits pour rétablir l'ordre et poursuivre nos travaux. Mais M. Duval, peu ou point accoutumé à se faire obéir de cette manière sévère, trouva mauvais que nous nous permissions de traiter ainsi ses gens et peut-être même leur eût-il défendu d'exécuter nos ordres s'il n'eût craint de se compromettre avec nous. Mais ayant à cœur de se venger d'une fausse insulte faite à sa dignité en sa qualité de capitaine commandant un bâtiment de guerre, il écrivit contre nous à M. de Béhague, son protecteur, d'une manière extrêmement virulente, et à la sourdine provoqua les scènes fâcheuses que nous fûmes forcés d'avoir avec les insolents patriotes de cette ville. Ces événements nous auraient sans doute conduits à une destruction totale, si les braves habitants des campagnes, informés de notre position, ne fussent venus à notre secours. Entre temps (août) la corvette le *Maréchal de Castries* fut enlevée par son équipage. Surprise par le calme sous les batteries de la côte de Basse-Terre qui la foudroyaient, elle fut obligée de se rendre et les principaux chefs de cette révolte furent exécutés sur-le-champ.

Comme on le voit, notre présence dans ce port y devenant plus nuisible qu'utile, M. de Clugny nous ordonna d'en partir sous le plus court délai. A cet effet il fit armer un très petit bateau caboteur sur lequel il fit embarquer ceux des officiers qui désiraient retourner à la Martinique et aussi les quelques débris de notre ci-devant équipage. Le commandement de ce mauvais bateau m'ayant été confié, je mis à la voile de ce port le 25 août avec un temps menaçant. Les vents étaient à l'ouest comme il arrive assez souvent dans cette saison dangereuse. Ils n'étaient que faibles dans le principe et me faisaient espérer que leur continuation me ferait passer heureusement au vent des îles des Saintes et de la Dominique. Mais cette espérance fut de courte durée, car quatre heures après mon départ ils commencèrent à souffler avec une telle violence qu'ils dégénérèrent en un ouragan qui dura huit heures en faisant le tour du compas. Dans cette situation, l'une des plus pénibles de ma vie, j'avais fait mettre à sec et amarrer fortement au milieu la barre de mon gouvernail; je fis ensuite enfermer tous mes gens dans la cale et m'y enfermai avec eux et là nous attendîmes ensemble que le coup de la mort vînt nous frapper. Quelle nuit horrible! de quels accents de désespoir mes oreilles ne furent-elles pas frappées et que d'actes de contrition n'entendis-je pas, prononcés par ceux mêmes que je supposais étrangers à tous sentiments de religion! Et c'est cependant au milieu de cette affliction générale que mes officiers et moi prenant notre parti, nous ranimâmes le courage de plusieurs en partageant avec eux les excellentes provisions de bouche que M. de Clugny m'avait envoyées au moment de mettre à la voile, et son vin de Bordeaux ne fut pas épargné... Enfin le jour parut, il était temps, car notre pauvre esquif pouvait à peine supporter l'énorme poids d'eau de mer qu'il contenait. Le calme le plus profond succéda à cet épouvantable orage et, la mer devenant insensiblement moins agitée, nous pûmes nous débarrasser de ce pesant fardeau. A midi les vents d'Est reprirent leur cours habituel, je me trouvais alors au vent du canal de la Dominique. Je fis aussitôt arriver pour passer sous le vent de cette île, afin d'y pouvoir réparer avec plus de facilité les différentes avaries que je venais d'éprouver. Bref, le 28, j'arrivai fort heureusement au port du Fort-Royal (Martinique).

Ce fut là, dis-je, où M. de Rivière après m'avoir reçu avec un air triste et même sévère, me communiqua le procès-verbal que M. Duval avait rédigé contre nous. Dans cet écrit il était dit que les officiers composant ci-devant l'état-major de la *Didon* ayant fait couler injustement le sang de ses meilleurs matelots au moment même où ils étaient occupés aux travaux les plus pénibles, il demandait qu'une justice éclatante fût rendue à ces malheureuses victimes de la rage et du despotisme et qu'un conseil de guerre dûment et légalement composé selon les nouvelles lois fût assemblé aussitôt après son retour au Fort-Royal pour prononcer sur la punition de ces coupables, etc. « Il ne m'est pas difficile, répondis-je à M. de Rivière, de me laver d'une accusation aussi indigne qu'infidèle. J'y reconnais parfaitement l'esprit de l'auteur, notre ennemi naturel, et dès cet instant je vais m'occuper tant à mon nom

qu'en celui des officiers que je représente accidentellement, à rédiger un autre procès-verbal moins
emphatique; demain j'aurai l'honneur de vous le
remettre et j'ai celui de vous observer que notre rôle
d'accusés y sera changé en celui d'accusateurs qui
demandent également qu'une justice authentique et
sévère leur soit accordée par le même conseil de
guerre que réclame monsieur Duval. » Le lendemain je remis entre les mains de M. de Rivière cette
pièce dont il avait besoin pour faire revenir M. de
Béhague sur l'idée peu favorable qu'il avait conçue
sur nous et sur celle trop avantageuse qu'il s'était
formée sur ce capitaine. M. de Rivière avait ordonné
le retour immédiat des officiers de la *Didon* à la
Martinique pour les faire se justifier. M. Duval avait
été lui aussi relevé de ses fonctions de commandant
de la Station, pour pouvoir comparaître avec eux.
Ayant communiqué ces ordres à M. de Béhague, ce
général voulut les lui faire rapporter pour pouvoir
assoupir l'affaire. Mais M. de Rivière refusa de
donner contre-ordre et là-dessus ces deux chefs se
séparèrent assez mécontents l'un de l'autre.

Peu de jours après (septembre 1792), tous nos
officiers revinrent de la Guadeloupe à la Martinique ainsi qu'il leur avait été mandé et y attendi-
rent vainement M. Duval qu'une fuite aussi
inattendue que précipitée fit retourner en France.
Dès lors, cet homme que l'on supposait gratuitement
être honnête, délicat et châtié dans ses principes, ne
fut plus considéré que comme un infâme déserteur

et un délateur insensé. Cette fuite ayant mis fin à toute espèce de procédures, MM. de Villevielle, de Préville et d'Assas se déterminèrent, à la même époque, à quitter ce séjour pour se rendre d'abord en Angleterre et de là sur le continent. Quant à moi, préférant rester avec M. de Rivière qui m'avait toujours traité avec une bonté particulière, je lui dis cette marque de déférence pour sa personne; il m'en sut d'autant plus gré, que peu de temps après le départ de ces officiers il me nomma au commandement de la goëlette de guerre l'*Élisabeth*. L'état-major de ce bateau était le suivant : le chevalier de Valous, lieutenant de vaisseau, commandant; MM. de Bourdon-Gramont [1], Bruny de Château-brun, Ouïquet de Bienassis, élèves de la marine de 1re classe, de Turpin, volontaire de la marine, 14 canons de 4 et 48 hommes d'équipage [2].

J'étais déjà sur le point de terminer l'armement de

1. Gabriel-Auguste-Hilaire de Bourdon-Gramont, né à Château-Gontier le 13 janvier 1776, fils de Claude-Augustin, officier de carabiniers et de Félicité Bouchard de Lapoterie. Élève de 3e classe de la marine (1er mai 1788), élève de 2e classe (3 octobre 1788), renvoyé en France pour délit de contre-révolution, émigre au début de 1792, sert à l'armée des Princes, puis en 1793 dans la cavalerie de l armée de Condé, ensuite au régiment d'Autichamp (1794), rentré au moment de Quiberon participe à la guerre chouanne, pris par la conscription en 1799 est incorporé au 4e chasseurs, déserte en 1800.

2. Peu de temps auparavant (19 septembre 1792), les régiments de Bassigny, de la Sarre et Maréchal de Turenne s'étaient révoltés; aidés en sous-main par la populace de Saint-Pierre, ils avaient comploté de s'emparer des postes et du Fort Saint-Louis. Quelques officiers, aidés des mulâtres fidèles, réussirent à les mater.

ce bâtiment lorsque nos vigies placées sur les côtes du vent de cette île signalèrent un convoi français sous l'escorte d'une frégate de guerre [1]. Dans un instant cette nouvelle se répand partout, la plus vive alarme naît dans tous les cœurs et enfin l'armement le plus prompt des habitants est effectué : ils arrivent en toute hâte auprès de M. de Béhague pour le déterminer à ne pas recevoir les troupes qu'il contenait. « Nous sommes perdus, lui disent-ils, si vous les admettez. La France ne nous les vomit que pour notre anéantissement et vous-même vous serez la première victime de leur rage ! » Mais ces représentations justement fondées devenant inutiles et rien enfin ne pouvant ébranler la ferme résolution de ce gouverneur à les recevoir, les créoles s'emparèrent de sa personne et la constituèrent momentanément prisonnière de guerre dans le fort Saint-Louis où était en garnison la majeure partie de l'incorruptible régiment de la Martinique.

Dans cette circonstance extrêmement délicate, quelle fut la conduite de M. de Rivière? Elle fut celle d'un chef entièrement dévoué au maintien des possessions du Roi son maître et auquel aucun sacrifice ne coûte pour assurer à ces bons et loyaux sujets une position constante. En conséquence, sans différer davantage, il ordonna à messieurs les capitaines de la frégate la *Calypso* et de la corvette le *Maréchal de Castries* de mettre à la voile et de chasser ces forces

1. La *Sémillante*, commandant Brueys.

assez loin sous le vent de ces îles pour leur ôter toute facilité d'y reparaître. Mais les équipages de ces deux bâtiments n'étant ni assez forts ni assez sûrs pour aller se mesurer avec ceux qui arrivaient de France, les créoles de tout âge s'empressèrent de les augmenter en s'y embarquant généreusement. Les vivres seuls n'étaient pas suffisants pour cette nouvelle masse d'hommes, il fallut en prendre une plus grande quantité et de là le retard forcé de cette petite expédition qui donna le temps à M. de Bruys, commandant la frégate *Sémillante* et au convoi de troupes qu'il escortait de paraître devant la baie de Fort-Royal et d'envoyer à terre un des aides de camp du général Rochambeau [1] pour prévenir M. de Béhague que ce nouveau gouverneur général se proposait le jour

1. Donatien-Marie-Joseph de Vimeur, vicomte de Rochambeau, fils de Jean-Baptiste Donatien, maréchal de France qui s'illustra dans la guerre d'Indépendance de l'Amérique, né en 1750 au château de Rochambeau, près de Vendôme, tué à Leipzig le 18 octobre 1813. Colonel du régiment d'Auvergne (1779), maréchal de camp (1791), lieutenant général (9 juillet 1792). Envoyé par la Convention pour réduire à l'obéissance les Antilles révoltées. Repousse les Anglais des Iles en 1793, mais lors de leur seconde tentative il doit capituler (27 mars 1794). Gouverneur de Saint-Domingue (1796), il y arrive le 11 mai, mais les commissaires civils étant en désaccord avec lui, ils le font rembarquer pour la France où il est retenu pendant quelque temps au château de Ham. Chef de la 2e division de l'armée d'Italie, chargé de la défense du Pont du Var (1800). Il accompagne en 1802 le général Leclerc auquel il succède comme gouverneur des Antilles (2 novembre 1802). La révolte de ces îles le force à évacuer le Cap et à se rembarquer pour la France (20 novembre 1803). Fait prisonnier par les Anglais le 30 mai suivant, il ne fut échangé qu'en 1811. En 1813 il était chef de la 3e division du corps d'armée de Lannes.

même de faire dans cette ville son entrée en ladite qualité et à la tête de quatre mille hommes d'infanterie. Mais la présence de cet officier dont le chapeau était garni de hautes plumes tricolores indigna tellement la multitude qui le pressait, qu'elle l'aurait mis en pièces sans l'assistance de quelques personnes sages qui, avec beaucoup de peine, parvinrent à le faire embarquer dans le canot qui l'avait amené. Après cette réception, M. de Bruys crut qu'il y allait de sa sûreté de prendre le large et aussitôt il en fit le signal à son convoi qu'il abandonna en forçant de voile; peu de temps après, MM. de Mallevault et d'Aché appareillèrent pour aller à sa poursuite, mais la marche de leurs bâtiments, étant inférieure à celle de la *Sémillante,* celle-ci les eut bientôt perdus de vue. Alors M. de Mallevault se détermina à revenir sur ses pas en dirigeant sa route sur l'île de Saint-Christophe dans la baie de laquelle quatre grands vaisseaux appartenant à ce même convoi s'étaient réfugiés sous la protection des Anglais qui ne les avaient reçus qu'avec une si grande répugnance que M. de Mallevault n'hésita pas à les attaquer et leur enleva une gabare de vingt canons à qui il donna le nom de *Bien-Venue* et la conduisit au Fort-Royal. On observera ici que les commandants des forts de cette possession britannique restèrent froids spectateurs de cet enlèvement qu'ils pouvaient si facilement empêcher... M. de Rivière approuva fortement la conduite que venaient de tenir MM. de Mallevault et d'Aché, et pour témoigner à ce dernier combien il en était satisfait, il lui confia le commandement de cette prise. Il nomma ensuite M. le Gard du Clesmeur, son premier lieutenant, capitaine de la corvette le *Maréchal de Castries*.

Cette expédition heureusement terminée, les habitants de la Martinique rendirent la liberté à M. de Béhague et lui abandonnèrent comme ci-devant les rênes de son gouvernement... Cependant la joie générale que venait de causer cet événement fut bientôt troublée par l'arrivée d'une corvette de guerre anglaise aux ordres du capitaine Pelew. Cet officier dépêché par l'amiral La Forêt, commandant des forces navales de S. M. Britannique aux Iles du Vent, venait demander à M. de Béhague des réparations pour l'insulte faite au pavillon anglais par deux frégates françaises dans la baie de Saint-Christophe. M. de Béhague lui répondit qu'il n'avait donné aucun ordre à cet égard et que leurs capitaines étaient seuls responsables de cette prétendue insulte faite au pavillon britannique, et qu'au demeurant M. le gouverneur de cette île pouvait l'éviter en faisant feu sur les bâtiments qui le provoquaient, car tels sont les droits des nations ! Le capitaine Pelew parut satisfait de cette réponse, à laquelle sans doute il s'attendait et, prenant congé de ce gouverneur, il se rendit de suite à bord du vaisseau la *Ferme* pour y complimenter M. de Rivière sur l'heureux renvoi de ces soldats rebelles, ennemis du genre humain : « L'amiral Laforet[1] a dû faire

1. Sir John Laforey (1729-1796), deuxième fils du lieutenant-colonel John Laforey, rejeton de la famille huguenote française Laforêt émigrée en Angleterre sous Guillaume III. Lieutenant de vaisseau

ce qu'il a fait en m'envoyant ici et je me trouve heureux qu'il ait bien voulu me charger d'une mission qui me met à même de connaître plus particulièrement les vrais défenseurs de la royauté dans les officiers que vous commandez. » M. de Rivière accueillit ce capitaine de la manière la plus aimable et la plus distinguée, plusieurs grands repas lui furent donnés par les différents commandants de vaisseaux et les habitants même lui auraient prodigué des fêtes plus brillantes encore si son départ précipité par ses ordres lui eût permis de les accepter.

Après ce qui venait de se passer contre les troupes et le nouveau gouverneur des Iles du Vent (Rochambeau), M. de Rivière sentit fort bien que, n'ayant plus rien à ménager avec la France puisque sa tête et les nôtres y étaient déjà mises à prix[1], il ne lui restait d'autre parti à prendre que celui de lier plus étroitement encore ces colons à son sort et de conserver aussi longtemps que possible un asile soit à l'un des princes de France [sans doute le comte de Provence, le futur Louis XVIII], déjà malheureux par sa

(12 avril 1748), s'illustre au Canada et en divers autres endroits. Contre-amiral le 10 novembre 1789, le 30 novembre précédent il avait été fait baronnet. Vice-amiral le 1er février 1793 à son retour des Antilles. Amiral le 1er juin 1795. Calme une révolte de noirs éclatée à Grenade, Saint-Vincent et la Dominique. Meurt de la fièvre peu de jours avant que son vaisseau n'ait regagné l'Angleterre (14 juin 1796). Il avait épousé Éléonor Farley, fille du colonel d'artillerie Francis Farley.

1. En réalité ce n'est que le 27 décembre 1792 que la Convention décréta destitués pour incivisme les officiers de la station navale de la Martinique et Iles du Vent.

trop grande confiance dans des secours étrangers dont si souvent on lui fit sentir le refus le plus dur, soit à de pauvres émigrés restés abandonnés par ces mêmes étrangers sur l'assistance desquels ils avaient trop compté. En conséquence le 2 octobre, au soleil levant, il fit arborer sur son vaisseau et sur tous les bâtiments sous ses ordres le drapeau blanc qu'il fit saluer de trois salves de vingt et un coups de canon chacune. M. de Béhague à son réveil demeura si consterné de cette détermination faite sans sa participation qu'il protesta hautement contre elle, mais inutilement, car en dépit de ses ordres aux commandants des forts Bourbon et Saint-Louis de conserver le drapeau tricolore, ces officiers firent également arborer sur ces forteresses la couleur royale de France [1].

A la Guadeloupe (Basse-Terre) M. de Mallevault n'avait pas attendu que M. de Rivière lui donne un si bel exemple à suivre. Le 30 septembre à cinq heures du matin, après avoir communiqué avec la terre, la frégate la *Calypso*, sur l'ordre de son capitaine, amena le pavillon tricolore et hissa le pavillon blanc en l'appuyant de vingt et un coups de canon au milieu de l'allégresse générale. Seul de tous les officiers de

---

1. Les colons ratifièrent par leur enthousiasme cette manifestation de loyalisme monarchique. Mais sans nier qu'une grosse proportion d'entre eux fussent des royalistes convaincus, c'était aussi pour eux une occasion de manifester leurs aspirations autonomistes. Le 13 décembre 1792 l'assemblée coloniale de la Martinique lançait une proclamation dans laquelle elle jurait fidélité au Roi et à la colonie, se déclarait alliée des Princes et des puissances coalisées, substituait le drapeau blanc au drapeau tricolore et proclamait l'indépendance de la colonie.

la marine royale en station dans ces parages, M. Robert de Rougemont, commandant l'aviso le *Ballon*, fit entendre de vagues protestations, dictées par, cet esprit de prudence qui le rendait cher à M. de Béhague! Néanmoins son second, M. Chapparé, triompha de ses hésitations. Un bateau marchand venait d'apporter la nouvelle d'une contre-révolution en France. La joie était à son comble parmi les fidèles colons qui répétaient à l'envi : « Nous n'avons plus qu'un seul chef : notre bon Roi, il n'y a plus douze cents tyrans! » M. de Mallevault avait fait brûler sous la potence son pavillon et sa flamme tricolores et clouer une cocarde tricolore au carreau. Le *Maréchal de Castries*, qui était venu (le 1er octobre) le rejoindre au mouillage, arbora le pavillon royal avec le même cérémonial. Son équipage, le même qui devait quelque temps après donner l'exemple de la plus grande insubordination, s'associa à la joie des habitants et, jetant un chien dans le bûcher où achevait de se consumer le drapeau tricolore, criait : « Tiens, chien de rebelle, brûle avec ta nation et ta liberté! Vive le Roi! » La jeunesse de Pointe-à-Pitre promena en grande pompe dans les rues, au milieu des quolibets, un âne portant à sa queue une cocarde tricolore...

Quels beaux jours, que de fêtes brillantes couronnèrent ces joyeux événements! La populace dans son délire criait : « Vive le Roi! Vive Brunswick! A bas à jjamais les Jacobins! » Les bons habitants, de leur côté, soutenus par l'espoir consolateur de voir enfin arriver par une contre-révolution en France un terme aux maux qui les menaçaient chaque jour, donnèrent à M. de Rivière le titre de libérateur de leur pays et le portèrent en triomphe. Mais bientôt cette ivresse du bonheur à venir fut changée en une crainte réelle du contraire. Vainement on s'était flatté que les commandants particuliers des Iles de Sainte-Lucie (M. de Monteil, lieutenant-colonel au régiment d'Aunis) et de Tabago suivraient la même impulsion. Il n'en fut pas ainsi, ces officiers rebelles persistèrent à conserver l'étendard tricolore et à se mettre en guerre ouverte avec nous. A ce malheur vint s'en joindre un bien plus grand encore, ce fut celui de la nouvelle de la retraite des armées prussiennes et autrichiennes du sol français. M. de Béhague en fut informé le premier, il la communiqua à M. de Rivière en lui faisant de vifs reproches sur sa trop grande précipitation à s'être séparé de la mère patrie, en mettant à bas les couleurs nationales après les avoir insultées par leur enlèvement de ses vaisseaux. M. de Rivière fit peu de cas de cette lettre, car comme je l'ai déjà dit, son parti sur tous les événements était irrévocablement pris. « Tout sera perdu, nous disait-il souvent, mais l'honneur de la marine du Roi ne le sera jamais ! »

Tel était bien notre sentiment et, pour en donner la preuve, je veux rappeler ici un événement dont le souvenir est bien cher à ma mémoire ! Un jour, un créole hospitalier et généreux comme on l'était dans ces îles heureuses, nous avait conviés mes camarades et moi avec plusieurs de ses amis. A la fin du repas qui n'avait pas été gai comme d'habitude, — nous venions d'apprendre la triste situation faite par les patriotes à notre infortuné monarque, — notre hôte se leva et nous proposa de porter à la santé de notre bon Roi. Je lui répondis, le verre en main, et faisant signe aux autres officiers qui m'entouraient, je tins ce discours : « Mes chers camarades, vous vous souvenez de la réponse que nous fit un jour, il y a déjà longtemps, le Roi auquel le corps des officiers de la marine avait offert sa démission; il nous la refusa en nous demandant de lui conserver l'appui de notre bras pour le jour où il y ferait appel... Plusieurs d'entre nous ont été obligés à renoncer à la marine. Mais beaucoup ont continué à servir. Nous avons l'honneur d'être de ceux-là. Montrons-nous-en dignes, et qu'au moins dans ces lointaines contrées qui sont encore de la terre de France, il se trouve des officiers de la marine pour défendre le pavillon sans tache pour lequel sont morts nos ancêtres. Je vous connais, mes chers camarades, je vous connais aussi, messieurs, qui avez été fidèles aux mêmes sentiments et qui nous avez honorés de votre amitié et de votre aide dans les tristes circonstances que nous traversons. Je sais que pas un de vous ne manquera à l'honneur et je me plais à croire que, si dans cent ans on ouvre nos tombes et que l'on secoue nos os les uns contre les autres, comme l'a dit un valeureux et loyal colon créole, ils crieront encore : Vive le Roi! » Ce cri fut répété mille fois. Ainsi se termina une journée que j'aime à me rappeler; car pour nous qui avons souffert de l'exil, de tribulations sans fin, et de dangers sans nombre, pour ne récolter qu'oubli et ingratitude, il nous est doux, dis-je, à nous officiers de la marine royale, de pouvoir dire que toujours et partout nous avons gardé au Roi la fidélité que nous lui avions jurée[1]!... Mais je reviens à mon récit.

Dans cet état de choses bien difficile à décrire, M. du Bucq, président de l'assemblée coloniale de cette île (Martinique), homme aussi courageux que plein de talent, proposa à M. de Béhague de faire renvoyer sans délai de ce pays tout militaire suspect afin de s'assurer d'une protection sûre en cas de besoin. Ce gouverneur acquiesça à cette proposition et sur-le-champ deux bâtiments marchands furent frétés pour les recevoir[1] et je fus chargé du soin de les escorter jusqu'au delà des débouquements. Cette mission remplie, je retournai au Fort-Royal d'où je repartis presque aussitôt (novembre) pour aller reconnaître un prétendu vaisseau de guerre nouvellement arrivé à Sainte-Lucie. A cet effet je calculai ma route de manière à traverser pendant la nuit le canal de ce nom et me trouver à la pointe du jour suivant à une très petite distance du port de Castries où il était

---

1. Le gouverneur particulier de la Guadeloupe, M. d'Arot, avait pareillement exigé des troupes placées sous ses ordres le serment de fidélité au Roi et à la colonie. Ceux qui l'avaient refusé furent renvoyés par lui en France. Ce fut le sort d'un officier et 195 soldats du régiment ci-devant de Forez, de 3 officiers et de 11 canonniers du corps de l'artillerie, ils furent embarqués sur le navire la *Demoiselle* de Nantes.

mouillé. Ce calcul me réussit au delà de mes espérances, car soit que les commandants des forts me
prissent pour une goëlette américaine, soit enfin
pour un autre bâtiment de peu d'importance, j'eus
le loisir d'examiner le prétendu vaisseau de guerre,
qui n'était qu'un chétif vaisseau marchand français.
Heureusement pour moi la brise de l'est était assez
fraîche, j'en profitai en forçant de voiles ; mais bientôt
M. de Monteil, me reconnaissant à mon pavillon et
à ma flamme blanche que je venais d'arborer, les
canonniers sous ses ordres firent pleuvoir non loin
de moi une inutile grêle de bombes et de boulets.

M. de Rivière, tranquillisé à cet égard, n'en mettait pas moins son vaisseau en état de mettre à la
voile lorsque le besoin l'exigerait, et déjà ses préparatifs étaient à peine terminés qu'il apprit que son
équipage (à la tête duquel s'était placé le nommé
Gauthier, caporal de la marine, homme intelligent et
courageux dans ces nouvelles entreprises de séduc-
tion) avait formé le projet d'enlever son vaisseau
pendant la nuit et de le conduire directement en
France. Ce complot était sans doute tramé depuis
plusieurs jours, car il était facile d'apercevoir par les
dépenses extraordinaires que faisaient ses matelots et
ses soldats, que plusieurs bourses bien garnies leur
avaient été ouvertes. Sur cet avis il fit arrêter les
principaux auteurs, ordonna que sur-le-champ un
conseil de guerre serait établi pour les juger. Le
même jour, suivant l'arrêt de ce même conseil de
guerre, ils furent punis de mort et leurs corps exposés

pendant douze heures sur la place publique de la ville du Fort-Royal. Ce châtiment juste et sévère produisit bien pour le moment quelques heureux effets, mais comment résister constamment à l'appât séducteur d'un argent versé à pleines mains pour trahir son devoir et fourni par les caisses des marchands de la ville de Saint-Pierre.

Le 1er novembre [1792] M. de Rivière reçut la nouvelle affligeante de l'enlèvement du lougre le *Ballon*, par son capitaine M. Robert de Rougemont[1], sous-lieutenant de vaisseau et commandant alors dans la rade de Basse-Terre (Guadeloupe). Cet officier, ennemi-né des couleurs royales comme la plupart des officiers de son grade[2], crut sans doute devoir les fouler aux pieds en arborant de nouveau le drapeau de la révolte et en se sauvant en toute hâte dans le port de Brest où le lendemain de son arrivée son imprudent second M. de Montéclair, élève de la marine, fut mis à mort, comme ayant fait partie de la division aux ordres de M. de Rivière. Cet événement scandaleux nous fatigua bien plus par les résultats qui devaient s'en suivre que par la privation d'un petit bâtiment sur le capitaine duquel nous ne pouvions pas compter.

1. Ainsi que le commandant de la *Perdrix*, Duval, le chevalier Robert de Rougemont avait refusé d'amener le drapeau tricolore pour le remplacer par le drapeau blanc. Avec leurs équipages ils avaient passé à Rochambeau, puis étaient rentrés en France.

2. Les sous-lieutenants de vaisseau étaient d'anciens capitaines de brûlots ou des officiers de bateaux marchands passés dans la marine de guerre, généralement fort dédaignés par les officiers de carrière.

Dès lors je reçus l'ordre d'aller prendre le commandement du port de la Pointe-à-Pitre (Guadeloupe) dans lequel MM. les capitaines marchands s'obstinaient à garder leur pavillon tricolore en présence même de M. de Fitz-Maurice, colonel du régiment de la Guadeloupe et commandant militaire de cette place, qui par pusillanimité n'osait le faire amener. Le 25 novembre j'arrivai donc dans ce havre avec le projet de couper court à ce nœud de discorde, espérant toutefois que ce dit commandant unirait ses forces aux miennes pour en venir plus facilement à bout. Mais toutes mes instances auprès de lui ayant été inutiles, je me vis forcé de faire seul ce qui aurait dû être fait de concert. Je fis sur-le-champ quelques exemples assez sévères qui jetèrent quelques instants l'effroi parmi les capitaines et le pavillon blanc fut de nouveau arboré sur leurs vaisseaux.

Dans le compte que je rendis à M. de Rivière de la conduite que je venais de tenir, je ne pus m'empêcher de lui observer que si j'avais été assez heureux pour terminer une première fois une opération extrêmement délicate, vu la faiblesse des forces qui étaient à ma disposition, peut-être une seconde je serais moins favorisé; qu'en conséquence, je le priais de me faire remplacer par un vaisseau de guerre dont la présence pût mieux que le mien en imposer plus longtemps à cette masse de mauvais sujets qui arrivaient chaque jour de France.

CHAPITRE VIII

VOLTE-FACE DES COLONS

Pointe-à-Pitre se soulève en faveur de la métropole. — On envoie
contre la ville des unités royalistes. — Leur échec. — Arrivée
de M. de Lacrosse à la tête d'un corps expéditionnaire envoyé par
la Convention. — Volte-face des colons qui font leur soumission
et demandent à M. de Rivière de s'éloigner. — La division de Rivière
part et demande à passer au service des Bourbons d'Espagne.

Je passai donc plusieurs jours dans une tranquillité parfaite, quoique je susse fort bien que ces
mêmes hommes que je venais de punir ne laisseraient
pas échapper l'occasion de se venger d'une manière
quelconque. Le hasard leur en offrit une qui rendit
ma position critique; ils la saisirent. Je ne sais sous
quel prétexte, le commandant militaire de cette
partie de l'île fit évacuer par ses troupes le mauvais
fort qui défend l'accès de ce port et dont l'artillerie
abandonnée en grande partie par une négligence
criminelle de M. le gouverneur paraissait être
devenue inutile. Les troupes, disait-il, n'y sont pas à

l'abri de l'intempérance du temps et j'en ai trop peu
pour les sacrifier, d'ailleurs nous n'avons point
d'ennemis à combattre etc., etc. Insensé, son ennemi
était dans ses murs et il l'ignorait. Il n'attendait
que cette évacuation pour s'en emparer et soulever
cette intéressante colonie. Si dans le même instant il
s'en fût rendu maître, j'étais perdu. La Providence
permit alors que je fusse tiré de l'embarras extrême
de ma situation en recevant inopinément l'ordre de
M. le vicomte d'Arrot, gouverneur par intérim de
cette colonie (pendant la maladie du gouverneur
M. de Clugny) de me rendre sans délai dans la rade
de Basse-Terre où la présence de mon bâtiment lui
devenait très intéressante. Cette nouvelle de mon
départ alarma autant les honnêtes habitants qu'elle
réjouit ceux qui ne l'étaient pas. Découragés par leur
indolence naturelle et plus encore par la pusillanimité et l'avarice de M. de Fitz-Maurice, ils restaient
sans appui et les autres sans frein. Et cependant
toutes mes représentations à cet égard étaient restées
sans effet. Quelle faute impardonnable commirent
alors M. de Béhague et M. de Rivière, peut-être
même M. d'Arrot en m'appelant auprès de lui!

J'arrive enfin à la Basse-Terre, je vois le gouverneur par intérim qui me dit assez froidement qu'il
n'a pour le moment aucun ordre à me communiquer,
mais que dans les circonstances présentes il était bien
aise de pouvoir disposer de mon bâtiment; qu'en
conséquence j'eusse à le tenir constamment prêt à le
mettre sous voile au premier signal qu'il me ferait.

Sur ce, je pris congé de sa personne et déjà j'étais à quelque distance de son domicile lorsque, me faisant précipitamment rappeler, il m'annonça qu'il venait de recevoir la nouvelle de la révolte ouverte des marchands de la ville que je venais de quitter. « Partez, me dit-il d'un ton très ému, allez porter sans délai cette fâcheuse nouvelle à monsieur de Béhague... Mais non, ne partez pas, j'ai plus besoin de vous ici que jamais, je vais dépêcher un bateau de ce pays à la Martinique. » Enfin ce pauvre général avait tellement perdu la tête qu'il ne savait ce qu'il disait, ni ce qu'il avait à faire. Je crus cependant devoir le rassurer sur sa position personnelle en lui faisant entrevoir que le fort de Basse-Terre étant toujours occupé par des troupes fidèles, il n'avait aucun danger à courir et que d'ailleurs je ne doutais pas que M. le gouverneur général des Iles du Vent, plus intéressé que lui-même à la conservation de cette colonie, n'envoyât sur-le-champ des forces de terre et de mer suffisantes pour s'emparer de la cité rebelle de Pointe-à-Pitre. Ces réflexions l'ayant singulièrement tranquillisé nous nous séparâmes, et chacun de son côté écrivit à ses autorités respectives. Le lendemain je retournai chez lui pour lui faire part de mon intention d'aller croiser devant la bouche du port de cette même Pointe-à-Pitre pour intercepter toute communication entre les patriotes de cette ville et ceux des îles voisines. Ce projet lui ayant convenu, je mis aussitôt à la voile et bientôt je me trouvai en présence de ces mêmes gens que j'avais commandé l'avant-veille et qui aujourd'hui faisaient feu sur moi. Cette croisière dura huit jours sans que nous nous fussions fait beaucoup de mal de part et d'autre. Mais ce que je n'ai jamais pu concevoir, c'est que ces rebelles, presque tous marins, qui avaient à leur disposition de grands bâtiments marchands qu'ils pouvaient armer en guerre et les envoyer pour me combattre et me faire abandonner le blocus étroit où ils étaient réduits, n'en eurent pas même l'idée. Ils n'ignoraient pas non plus que la majeure partie de mon équipage ne se composait que de gens de leur espèce et que j'en eusse été abandonné au moment du danger. Cependant je trahirais la vérité si je me permettais de me plaindre d'aucun d'entre eux, et comme on va le voir ils me restèrent fidèles.

Le 29, j'eus connaissance de deux frégates de guerre qui se dirigeaient vers le lieu que j'occupais, je manœuvrai alors pour les éviter dans le cas qu'elles fussent ennemies et à m'en rapprocher plus facilement si elles étaient amies. Je leur fis donc des signaux de reconnaissance auxquels l'une d'elles répondit d'une manière si satisfaisante que je ne doutai plus qu'elles appartinssent à la division aux ordres de M. de Rivière : c'était la *Calypso* et la *Bienvenue*. J'arrivai insensiblement sur cette première pour y recevoir verbalement les instructions que M. de Mallevault, commandant de l'expédition, pouvait avoir à me communiquer. « Je vais mouiller, me dit-il, sur la côte ennemie, mais hors de la portée du canon des forts. Ce soir je vous attends pour nous concerter sur le plan d'attaque le plus convenable. »

Sur cette invitation, je suivis ses mouvements et bientôt, rassemblés à son bord en conseil général, je dus, comme le plus jeune des capitaines, donner le premier mon avis. Il fut pour l'attaque sans délai, tant par mer que par terre; tout retard serait d'autant plus dangereux que l'ennemi a déjà eu le temps de se grossir et d'occuper des positions d'où, vu le petit nombre de troupes que nous avons (250 hommes), il sera difficile de l'expulser. M. d'Aché soutint aussi fortement mon opinion à ce sujet. Mais M. de Mallevault et quelques autres officiers d'infanterie destinés à commander le débarquement furent d'une opinion contraire parce qu'ils comptaient sur un renfort de 12 à 1 500 habitants de la Guadeloupe qui devaient arriver à chaque instant pour se réunir à nos soldats.

Cependant, plus d'un jour s'étant écoulé sans voir paraître les dits habitants, je reçus l'ordre de forcer la passe difficile et peu connue du Mazarin [1] qui conduit au port de la Pointe-à-Pitre pendant que nos troupes attaqueraient l'ennemi dans ses retranchements, et nos frégates le fort principal dont j'ai déjà parlé. La nuit était déjà fort avancée lorsque cet ordre me parvint, cependant je devais l'exécuter à la pointe du jour suivant. Je n'eus donc que le temps à

---

1. Cette passe garnie de hauts fonds n'était propre que pour de très petits bâtiments (note du chevalier de Valous).

peu près nécessaire pour m'y préparer et de suite je
commençai à me rapprocher insensiblement de ce
point délicat que les patriotes avaient fermé la veille
avec de grands bateaux et quelques mauvais vaisseaux
marchands munis de canons de gros calibre. A
huit heures je reçus le premier feu de ces batteries,
mais ce feu fut si mal dirigé qu'il ne m'empêcha pas
de les voir de plus près; à huit heures et quart le
mien commença et en moins d'une demi-heure
l'ennemi abandonna ses prétendues batteries flot-
tantes pour se porter sur l'île de Saint-Jean qu'il
avait sans doute le projet de mieux défendre. A
dix heures, m'apercevant que les frégates la *Calypso*
et la *Bienvenue* ne faisaient aucun mouvement pour
attaquer le fort principal, ainsi que nous en étions
convenus, je crus plus prudent de rester embossé
plutôt que de risquer de forcer une passe dominée
et défendue par les batteries placées dans l'intérieur
du port. Cette détermination me sauva, car à
onze heures M. de Mallevault me fit, quoique d'assez
loin, le signal de ralliement; dès lors, je vis bien que
le pressentiment sur cette attaque trop tardive et mal
concertée ne s'était que trop vérifié, qu'enfin nos
troupes avaient été repoussées. Je remis donc à la
voile sans beaucoup d'obstacles, parce que le feu de
l'ennemi avait à peu près cessé, non précisément à
cause des grands dommages que le mien avait pu lui
occasionner, mais par sa stupidité à établir de la
grosse artillerie sur de frêles bâtiments hors d'état
d'en supporter les effets.

Le lendemain à force de bordée je parvins à joindre ces deux frégates qui déjà faisaient route pour la Basse-Terre. Nous y mouillâmes ensemble aussi navrés de l'échec irréparable que nous venions d'éprouver, qu'atterrés du contenu des nouvelles proclamations incendiaires du citoyen Lacrosse[1], commandant la frégate républicaine la *Félicité*, récemment arrivé de France (1er décembre 1792). Ce malheureux officier, imbu des dangereux principes de la Révolution, quoiqu'il eût failli en être la victime à Brest dans un moment orageux, avait été dépêché par la Convention nationale pour venir mettre le désordre dans ce pays. Certes jamais mission ne fut plus tôt et mieux remplie à cet égard.

Il est vrai d'ajouter que, sans la perfidie de M. de Monteil, gouverneur par intérim de l'Ile de Sainte-Lucie; ses abominables projets auraient entièrement

---

1. Jean-Baptiste-Raymond, baron de Lacrosse, né à Meilhan (Lot-et-Garonne) le 5 septembre 1765, mort dans cette ville le 9 septembre 1829. Élève au collège de Juilly, garde de la marine à dix-huit ans, se distingue au siège de Gondelour; capitaine de vaisseau en 1792. Envoyé à la Martinique, ses différends avec le général Collot le forcent à rentrer en France. Mis en liberté en 1795, chef de la division navale de Brest (1796), participe à l'expédition d'Irlande. Le 13 janvier 1797, un combat soutenu par lui contre les Anglais sur son vaisseau les *Droits de l'Homme* lui vaut le grade de contre-amiral. Ambassadeur en Espagne en 1799, il est chargé de faire expulser tous les émigrés résidant dans les ports de la Péninsule. Capitaine général de la Guadeloupe (1802), il eut à faire face à une révolte de noirs et fut fait prisonnier par le mulâtre Péiage; se retire à la Dominique d'où il revient bientôt à la Guadeloupe avec le général Richepanse. Revenu en France, il fut fait grand-officier de la Légion d'honneur en 1804 et commandant de la flottille de Boulogne. Préfet maritime de Rochefort, destitué en 1815.

échoué et il aurait été trop heureux de trouver son salut dans la fuite. Par un de ces hasards qui arrivent rarement, M. de Lacrosse atterrit sur l'Ile de Sainte-Lucie au lieu d'atterrir sur celle de la Martinique. Il y fut informé que les habitants de la première île étaient en guerre ouverte avec ceux (Martinique) qui avaient arboré le drapeau blanc; lui en fallait-il davantage pour aller bien vite se réunir à eux et faire régner dans ces contrées voisines des libelles infâmes qui devaient exciter la multitude imbécile à la révolte et à l'assassinat. La peur s'empara des personnes sur lesquelles nous avions le plus compté et l'audace enhardit celles qui jusqu'alors avaient été enchaînées.

Dans cette position critique il fut tenu un conseil général dans la forteresse de la Basse-Terre à l'effet de s'assurer si l'île de la Guadeloupe serait entièrement abandonnée aux factieux ou quels seraient les moyens de la conserver au Roi dans le cas où ses habitants, plus fidèles désormais à remplir leurs engagements, fourniraient sur-le-champ en argent et en hommes ce qui était nécessaire pour reprendre la position de la Pointe-à-Pitre et y rétablir une tranquillité durable. Mais, comme je l'ai dit, la peur et l'avarice s'étaient emparées de ces malheureux créoles. Lâchement ils avaient abandonné nos troupes dans le moment même où leur sûreté personnelle et celle de leurs fortunes particulières étaient les plus intéressées à leur conservation et comment compter aujourd'hui sur leur bravoure et leurs largesses? Ces réflexions appuyées sur l'expérience du passé déterminèrent les membres de ce conseil à les livrer au funeste sort qu'ils s'étaient préparé. L'évacuation totale de nos braves soldats fut décidée ; elle eut lieu le lendemain 1er décembre et, le 2, ils furent réunis à ceux de la Martinique[1]. Ce renfort quoique faible aurait dû inspirer aux ci-devant belliqueux créoles de la Martinique une force nouvelle pour résister sans beaucoup de sacrifices à un ennemi qui n'en avait que dans ses proclamations. Mais, par suite de cette même fatalité attachée aux modernes Français ainsi qu'à leurs voisins, la terreur s'était emparée d'eux et ils croyaient voir arriver à chaque instant ces forces de terre et de mer que le citoyen Lacrosse leur annonçait comme une chose positive ; et malheur à eux, ajoutait-il, si à leur approche le pavillon tricolore ne flottait pas sur leurs remparts et sur nos vaisseaux dont les capitaines étaient déjà mis hors la loi.

Certes, sous un gouverneur général, homme ferme, attaché à la dignité de son caractère autant qu'à l'importance de la conservation du seul point du globe sur lequel flottait encore l'étendard royal, il eût bientôt fait cesser toutes ces craintes pusillanimes et se serait rendu l'objet de l'admiration générale.

---

1. L'auteur de ces Souvenirs a sur ce point une lacune de mémoire. L'évacuation totale ne devait avoir lieu que quelques jours plus tard. Lacrosse, débarqué le 7 janvier 1793, organisa la Guadeloupe dont il fut nommé gouverneur provisoire. Il sollicita aussitôt de la Convention sa nomination à titre définitif, mais il fut bientôt obligé de céder le pouvoir à Georges-Henri-Victor Collot, général envoyé par la métropole pour gouverner l'île.

Mais M. de Béhague, mettant de côté cette vaine gloire et d'ailleurs aucunement doué de la force morale suffisante pour supporter plus longtemps le poids d'un rôle pour lequel il n'était pas fait, abandonna furtivement et pendant la nuit son poste. Il se réfugia sous la protection des Anglais dans l'Ile Saint-Vincent. Cette fuite criminelle parut confirmer dès lors les fâcheuses nouvelles répandues par le capitaine Lacrosse; et dès cet instant tous les moyens de persuader aux colons qu'elles étaient dénuées de fondement devinrent inutiles. La même assemblée coloniale qui, peu de jours auparavant, avait juré fidélité au Roi et refusé de reconnaître le gouvernement usurpateur de la Métropole, s'était déterminée à faire sa soumission à Rochambeau. Nous nous vîmes forcés dans ces circonstances, d'aviser aux expédients les plus prompts d'exécuter notre retraite et d'abandonner les colons de la Martinique comme ceux de la Guadeloupe au sort affreux auquel ils étaient déjà en proie.

M. de Rivière crut devoir alors faire enlever des magasins généraux de la marine tout ce dont les bâtiments sous ses ordres pourraient avoir besoin pour une traversée quelconque. Nous ignorions encore quelle serait la route que nous allions tenir pour arriver heureusement dans quelque pays étranger qui pût nous offrir un asile; il fit ensuite désarmer la frégate la *Bienvenue* dont il prit l'équipage parce que le sien ainsi que les nôtres s'étaient singulièrement affaiblis par la désertion. Enfin, après avoir fait payer la majeure partie de ce qui leur était dû à tous les marins de sa division, il fit annoncer publiquement le jour de son départ, ordonnant en même temps qu'à son exemple les capitaines commandants iraient mouiller leurs vaisseaux hors de la portée du canon des forts Bourbon et Saint-Louis, afin de recevoir avec plus de facilité les personnes honnêtes de toutes conditions qu'une réaction dangereuse pouvait menacer. Bientôt nos bâtiments furent remplis des officiers d'infanterie tenant garnison dans cette place (Fort-Royal), d'un grand nombre de leurs sous-officiers, de tous les grenadiers et chasseurs du régiment de la Martinique et de plusieurs familles des principaux habitants de cette île. Mais avant de quitter ce malheureux pays, je ne dois pas passer sous silence la conduite extraordinaire que tinrent à notre égard les patriotes, nos ennemis les plus acharnés pourtant, on en jugera par la lettre qu'ils adressèrent à M. de Rivière :

« Citoyen Général,

» Nous, citoyens habitants et marchands assemblés dans cette commune de Saint-Pierre (Martinique), au nom de la République une et indivisible;

» Ayant reçu d'une manière positive l'agréable nouvelle de l'évacuation totale du territoire français par les armées des tyrans d'Autriche et de Prusse que nos intrépides soldats ont chassé devant eux; il nous est bien pénible aujourd'hui de penser que des braves gens, qui pendant si longtemps ont maintenu par leur fermeté et leur courage les Colonies françaises du Vent dans un état de prospérité qui assurait leur bonheur et celui du commerce; que ces mêmes personnes toujours dignes de notre admiration et de notre reconnaissance seraient maintenant forcées par suite de leur opinion contraire à la nôtre, de renoncer à jamais à ce qu'elles ont de plus cher dans leur patrie et de fuir errants sur une mer remplie d'écueils et sans port. Si donc, par suite d'une réflexion mieux calculée sur leur véritable intérêt, vous vouliez encore, citoyen Général, rester parmi nous, donnez-nous-en bien vite l'assurance en arborant le pavillon tricolore. Alors nous vous prouverons qu'il n'est aucun genre de sacrifices pécuniers et autres que nous ne fassions pour vous témoigner toute l'importance du service essentiel que vous nous rendrez. »

(Suivent cinquante signatures.)

Cette lettre resta sans réponse.

Enfin M. de Rivière réunit en conseil ses quatre capitaines commandants, il y fut agité si nous irions à Ostende nous mettre à la disposition de nos Princes, ou si nous irions à l'île de la Trinité espagnole confier nos forces en dépôt au roi d'Espagne pour être rendues au roi de France lorsqu'il serait rétabli sur son trône. Ce dernier parti fut adopté en raison du mauvais état de nos bâtiments. M. de Rivière ne se détermina pas sans regret à quitter une colonie dont les habitants naguère l'avaient porté en triomphe. Le 23 décembre (1792), nous fîmes voile pour l'île de la Trinité espagnole du Vent. La distance que nous avions à franchir pour l'atteindre était peu de chose, mais encombrés de passagers de tous sexes, fatigués par les justes lamentations de la plupart d'entre eux, ce trajet devint encore plus pénible par la nécessité où nous nous trouvâmes de relâcher à Tabago, dans la rade de Courland pour y réparer une forte avarie survenue à mon bâtiment par l'imprudence de l'un de mes officiers de service pendant la nuit (mât de beaupré cassé). Cependant vingt-quatre heures suffirent pour disposer d'un des mâts de hune du vaisseau la *Ferme* pour le remplacer, et nous continuâmes notre route à la grande satisfaction des républicains français qui occupaient cette île.

Le 26 en arrivant dans la Bouline, le vaste et excellent bassin de la Trinité espagnole, M. de Rivière donna l'ordre aux bâtiments de sa division de mouiller à une assez grande distance du petit îlot fortifié de Chacacharé, qui défend la pauvre ville de ce nom. Bientôt après il m'enjoignit d'aller porter ses dépêches au gouverneur de cette place pour apprendre de lui-même quelle pourrait être la réception qu'avaient à attendre de sa Seigneurie les fidèles sujets du plus malheureux des rois. Je remis donc de suite à la voile et comme je m'approchai du vrai mouillage, je vis arriver sur moi un grand canot portant sur sa poupe le pavillon de Sa Majesté Catholique. Je l'attendis et j'appris par l'officier qui le commandait que Sa Seigneurie le gouverneur (Don Joseph-Maria Chacon, brigadier des armées navales du roi d'Espagne) l'avait envoyé à ma rencontre pour me servir de guide. Nous débarquâmes ensemble sur une mauvaise plage sablonneuse, non loin de l'hôtel du Gouvernement, où M. de Chacon me reçut avec une telle affabilité que je ne doutai plus un instant de son empressement à nous accueillir tous de la même manière. « Je vais répondre à monsieur de Rivière, me dit-il, que l'étendard royal de France sera constamment respecté par les sujets du Roi mon maître et que le devoir le plus cher à mon cœur sera toujours d'accorder à ceux qui le portent si glorieusement les secours et la protection qu'ils sollicitent. » Les larmes d'attendrissement qui coulaient sur la physionomie de ce respectable militaire ne lui permirent pas d'en dire davantage. De mon côté, aussi ému que lui, je ne savais comment répondre à tant de marques d'intérêt et de bienveillance. Ma position était à la fois douce et pénible et je n'en sortis que lorsque j'eus entre les mains cette réponse désirée avec tant d'impatience. A mon retour, jamais ambassadeur ne fut mieux reçu que moi. M. de Rivière la lut à haute voix à ses officiers qui en furent comblés de joie et d'espérance sur leur admission au service de l'Espagne.

Aussitôt des ordres furent donnés pour faire rapprocher le plus possible nos vaisseaux de la place que nous saluâmes de quinze coups de canon. Ce salut nous fut rendu sur-le-champ. Cette formalité remplie, M. de Rivière se disposa à se rendre en personne chez M. de Chacon. Cependant il crut devoir à son caractère de lui annoncer son arrivée en se faisant lui-même saluer par son vaisseau de onze coups de

canon au moment ou il en déborderait. En mettant
pied à terre il trouva deux officiers espagnols que le
gouverneur avait envoyés au-devant de lui pour le
conduire à son hôtel. Cette première entrevue fut
extrêmement touchante, car M. de Chacon, contre
l'usage de son pays, bannissant toute étiquette, reçut
M. de Rivière dans ses bras et le combla ensuite de
marques d'intérêt et d'honnêteté; il est vrai d'ajouter
ici que peu d'hommes constitués en dignité ont une
âme plus belle et plus sensible que lui. Sujet fidèle et
dévoué à son prince, il aurait désiré en augmenter la
gloire si ses moyens lui en eussent donné la facilité.
Mais, borné dans son commandement à des forces
sans importance, son bonheur particulier était de
rendre heureux tout ce qui l'entourait. Aussi bientôt
le nommâmes-nous notre père, car il fit plus pour
nous que sa position ne le lui permettait. Enfin, après
quelques jours de repos, cet homme généreux rendit
compte à sa cour de l'événement qui venait de lui
arriver, de sa conduite à notre égard et lui demanda
ses ordres pour notre future destination. A cet effet
il fréta et dépêcha un bâtiment marchand américain,
au capitaine duquel il remit ses dépêches conjointement avec la lettre que M. de Rivière adressait à Sa
Majesté Catholique.

J'en joins ici la copie :

« Sire,

» Daignez permettre que des fidèles sujets du plus
malheureux des monarques qui se trouvent dans l'af-

fligeante situation où les a réduits la destruction de la Monarchie française, réclament la protection et les grâces de Votre Majesté. La marque de confiance dont le Roi mon maître m'avait honoré en me nommant au commandement de ses forces navales aux Iles du Vent, le zèle infatigable que j'ai mis à lui conserver ces belles possessions de son empire que je me suis vu forcé d'abandonner pour me soustraire aux lois d'une république élevée sur les ruines du trône, la restitution enfin que j'ai l'honneur de faire à Votre Majesté de ces mêmes forces que je ne tenais que de son auguste famille, me font espérer la bienveillance et les bontés de Votre Majesté pour moi et mes officiers qui ont si fort contribué à mes idées.

» Monsieur le chevalier de Chacon, gouverneur au nom de Votre Majesté de l'île de la Trinité espagnole du Vent, auprès duquel je me suis rendu avec les bâtiments sous mes ordres, m'a fourni tous les secours dont nous avions tous besoin et nous a traités avec cette distinction et cet intérêt qu'inspire à une âme sensible et généreuse la triste position des vrais défenseurs de leur patrie auxquels il ne reste d'autres consolations que celles de venger l'affront fait à leur souverain et d'offrir à Votre Majesté des sujets à toute épreuve et entièrement dévoués au maintien de sa gloire.

». Monsieur de Chacon, ce digne représentant de Votre Majesté, veut bien se charger du soin de lui présenter la liste nominative de tous les officiers subalternes de mer et de terre qui se sont réunis à mon pavillon. J'espère que Votre Majesté daignera les traiter avec bonté quand elle sera informée de la manière distinguée avec laquelle ils se sont constamment conduits.

» La division à mes ordres se compose des bâtiments dont je joins ici les noms avec ceux de leurs commandants particuliers :

» Le vaisseau la *Ferme*, le chevalier Charles de Rivière ;

» La frégate la *Calypso*, le chevalier Louis de Mallevault ;

» La corvette le *Maréchal de Castries*, le chevalier Fidel Le Gard du Clesmeur ;

» La goëlette l'*Élisabeth*, le chevalier Camille de Valous.

» Je suis avec respect,

   » Sire,

      » de Votre Majesté

        » le très humble et très obéissant serviteur.

            » CHARLES DE RIVIÈRE. »

     A bord du vaisseau la *Ferme*,
en rade de la Trinité espagnole du Vent,
      13 janvier 1793.

CHAPITRE IX

DERNIERS EFFORTS

En rade de la Trinité espagnole l'escadre apprend la nouvelle de l'exécution de Louis XVI. Le chevalier de Valous est envoyé pour
demander l'aide de la flotte anglaise contre les patriotes des Antilles
françaises. Il est éconduit par l'amiral Laforey. — Les colons royalistes de la Martinique viennent demander le secours de M. de Rivière
contre Rochambeau. — Retour offensif des vaisseaux du Roi à la Martinique. — Démêlés avec la flotte anglaise. — Les planteurs se décou-
ragent; sauve-qui-peut général. — M. de Rivière et ses unités passent
définitivement à l'Espagne.

... Quoique la ville de la Trinité n'offrît par elle-
même aucune espèce de ressources par la détestable
composition de ses habitants, la plupart flibustiers
ou marchands de toutes nations, peu riches et assez
mal famés, cependant avec l'aide de quelques
familles françaises que nous y avions apportées de la
Martinique, nous étions parvenus à former dans
leurs chétifs domiciles quelques réunions dont la
gaieté n'était pas entièrement bannie. M. de Chacon
en faisait souvent partie et ne pouvait s'empêcher de

s'écrier quelquefois qu'il ne connaissait aucun peuple qui supportât son malheur avec autant de courage et de résignation que le peuple français. On se voyait dans ces réunions avec plaisir et avec un intérêt marqué; et l'espérance consolatrice d'un avenir plus heureux fortifiait le cœur même de ceux qu'une douleur profonde d'avoir perdu leur ancienne existence aurait jetés dans le désespoir. Ainsi, après tant d'ennuis et de fatigues de corps et d'esprit, nous commencions à savourer quelques moments de repos. Mais comme les officiers de la marine étaient de nouveau destinés à être le jouet de la fortune pour leur attachement à leurs principes religieux et monarchiques, ces heureux instants furent de courte durée. Ils furent troublés par l'arrivée inopinée de quatre députés républicains français, membres de la nouvelle assemblée coloniale de la Martinique et à la tête de laquelle se trouvait alors le général Rochambeau, revenu de Saint-Domingue après notre évacuation de cette île. Ces individus avec leur audace accoutumée se présentèrent à M. de Chacon et lui demandèrent impérieusement la restitution des forces de mer que nous leur avions enlevées. Ils ajoutaient ensuite, et non sans raison, que la guerre n'étant pas déclarée entre l'Espagne et la France, il ne pouvait sans se compromettre accorder sa protection et ses secours à des fugitifs dont le pavillon n'était plus celui de leur république et qu'enfin dans le cas où il persisterait à ne pas se rendre à leur juste demande, il devait nécessairement s'attendre à voir bientôt ce pays ravagé par la fureur de leurs compatriotes, etc. M. de Chacon leur répondit avec sa douceur et sa modération accoutumées qu'il savait parfaitement ce qu'il avait à faire dans cette circonstance et les engagea fortement à retourner bien vite d'où ils étaient venus et de prendre garde que l'esquif qui les avait apportés ne fût pas rencontré par la goëlette du Roi l'*Élisabeth* qui quelquefois croisait à l'embouchure de ce golfe; cette réponse laconique suffit sans doute pour leur faire hâter leur départ au milieu de la nuit.

Le 28 de ce mois [février 1793], le gouverneur civil et militaire de l'île de la Grenade (appartenant aux Anglais) fit part à M. de Chacon de la mort affreuse de l'infortuné Louis XVI et de la déclaration de guerre faite à la France par l'Espagne et l'Angleterre. La première de ces nouvelles, à laquelle nous devions nous attendre chaque jour puisque depuis longtemps ce malheureux souverain n'était entouré que de bourreaux et d'assassins, répandit parmi nos gens et même parmi quelques marchands anglais établis dans cette ville, une telle tristesse que son empreinte était marquée sur leur physionomie. M. de Rivière, en ordonnant de suite à tous ses officiers qu'ils eussent à prendre le deuil de rigueur en pareil cas (les officiers espagnols se crurent dispensés de le porter alors même que ceux des autres nations l'eussent pris spontanément), manda à ses aumôniers de célébrer à bord de son vaisseau un service expiatoire pour le repos de l'âme du Roi martyr. Ce service fini, celui qui avait fait l'absoute prononça un discours si touchant sur les malheurs et les vertus de cet auguste prince et enfin sur la catastrophe épouvantable qui l'avait conduit au supplice, que nos équipages généralement pénétrés de douleur répandaient des larmes en abondance; je les ai vus à la suite de cette oraison funèbre se précipiter sur quelques Français domiciliés dans ce port, dont la façon de penser différait diamétralement de la nôtre, et vouloir les mettre en pièces sans notre prompte assistance à les sauver dans ce premier mouvement d'une juste indignation. Mais cette espèce de désordre ne fut pas de longue durée, parce que d'une part nous prîmes des précautions pour empêcher une pareille récidive et que de l'autre ces mauvais sujets purent pendant quelques jours se cacher dans les bois.

Le 6 mars, sur la demande de M. de Chacon, M. de Rivière m'envoya à la Grenade pour y porter ses dépêches adressées au gouverneur de cette colonie anglaise. Ces dépêches avaient pour but de se prêter mutuellement assistance et prompt secours dans le cas que les croiseurs français, qui déjà croisaient dans ces parages, fissent quelque tentative d'envahissement ou de destruction sur les établissements anglais ou espagnols dépourvus alors de forces de mer suffisantes pour s'opposer à leurs desseins.

Je partis donc sur-le-champ et le lendemain je mouillai dans la principale rade de cette île, c'est-à-dire vis-à-vis de la ville capitale, que je fis saluer de

treize coups de canon; ce salut fut rendu de suite par
la belle citadelle qui la domine. Je descendis à terre
où je trouvai des chevaux et un officier d'infanterie
que M. le gouverneur m'avait envoyé pour me
rendre auprès de lui. De cette manière facile je pus
gravir la haute montagne sur le sommet de laquelle
était établie la citadelle dont je viens de parler et
dans laquelle il logeait. Pendant le trajet, l'officier
anglais qui m'accompagnait, me voyant en grand
deuil qu'il portait lui-même, m'apprit que peu de
jours auparavant mon arrivée ici, plusieurs officiers
composant les états-majors des deux bricks espagnols
au mouillage dans ce port s'étant fortement obstinés
à ne pas porter sur leurs vêtements ce signe de regret
et de douleur universel, avaient été sur le point
d'être massacrés par la populace de cette ville, que
deux d'entre eux avaient été blessés et qu'enfin, sans
une très prompte assistance de la force armée, ils
n'auraient pu échapper à l'indignation générale.
« Depuis ce moment, ils le portent, ajouta-t-il, mais
le peuple ne les voit plus avec le même intérêt... »

Enfin je parvins chez M. le gouverneur, homme
âgé, bon, affable et singulièrement honnête. Je lui
remis les dépêches dont j'étais chargé pour sa personne et, après les avoir lues, il me dit des choses
obligeantes sur M. de Rivière qu'il regardait dans ce
moment comme le protecteur des Iles du Vent : « J'espère, me dit-il, que vous me ferez l'honneur de
dîner avec moi et que nous boirons ensemble à sa
santé. » J'acceptai avec reconnaissance son invitation

et, le repas fini, il me dit affectueusement lorsque je pris congé de lui : « Capitaine, assurez votre digne général, monsieur de Rivière, que les gouverneurs anglais des différentes Iles du Vent n'oublieront jamais les services essentiels qu'il leur a rendus et qu'il veut bien encore leur rendre en protégeant le commerce des sujets de Sa Majesté Britannique, et que dans tous les cas il peut compter sur leur reconnaissance. » Sur cette assurance je revins à la Trinité espagnole rendre compte à MM. de Chacon et de Rivière de ma mission. L'un et l'autre parurent alors assez satisfaits de la tournure favorable que paraissaient prendre les événements futurs. Mais hélas, cette prétendue harmonie ne subsista pas longtemps. La cupidité de l'Angleterre et le désintéressement de l'Espagne dans cette guerre contre la France devaient nécessairement causer une rupture entre ces deux puissances dont cette dernière fut la victime.

Mon rendement de compte terminé, j'allais prendre congé de ces deux personnages, lorsqu'un exprès arrivé en toute hâte vint leur annoncer qu'un corsaire français s'était introduit furtivement dans le golfe et que déjà il avait été sur le point de s'emparer d'un petit bâtiment marchand espagnol qui n'avait dû son salut qu'en s'échouant sur cette côte. Au moment même j'appareillai et fus à sa rencontre. Le soir j'en eus connaissance, mais les vents étaient trop faibles pour espérer de le combattre avant la tombée de la nuit, en supposant qu'il voulût lui-même risquer un engagement et d'autant plus sérieux de part et d'autre qu'on ne faisait point de quartier. Mais son capitaine, comme tous ceux de sa classe, préfèrent ordinairement capturer les vaisseaux sans défense et s'éloigner de ceux dont ils n'ont que des coups à recevoir. A la faveur de la nuit et de l'obscurité je le perdis de vue. Cependant, comme il me paraissait possible qu'il eût dirigé sa route sur l'île de la Grenade, je me déterminai à me rendre sur ces parages sur lesquels vainement je croisai quelques jours à la grande satisfaction des Anglais. Enfin je retournai à la Trinité où l'on m'attendait avec impatience. Le vaisseau la *Ferme*, la frégate la *Calypso* et la corvette le *Maréchal de Castries* étant en partie désarmés, faute de vivres, mon bâtiment était sans cesse employé à des expéditions plus ou moins pénibles.

On m'attendait, dis-je (avril 1793), pour me donner une nouvelle mission auprès de l'amiral La Forêt qui, avec l'aide de quelques troupes d'infanterie anglaise, venait de s'emparer de l'île de Tabago. Je fais observer ici que nous ignorions que cette possession française eût été prise au nom du roi d'Angleterre et que ses habitants, presque tous Anglais d'origine, avaient déjà prêté à ce souverain le serment de fidélité... Mes instructions portaient qu'après avoir complimenté cet amiral sur l'heureux résultat de son entreprise, M. de Rivière me chargeait de lui proposer de joindre ses forces navales aux siennes afin, de cette manière, de pouvoir reprendre avec plus de facilité et au nom du roi de France les colonies qui appartenaient à son auguste famille. Certes! jamais

une marque de confiance plus grande et des pouvoirs
plus étendus n'avaient été accordés à un simple capitaine de corvette dans une circonstance aussi délicate! Mon amour-propre en fut singulièrement flatté
et je partis plein de l'idée agréable que les puissances
étrangères ne voulaient faire la guerre qu'aux monstres qui gouvernaient alors la France et la rendre
ensuite intacte au légitime successeur de l'infortuné
Louis XVI. J'arrivai donc dans la rade du Grand
Curland (île de Tabago) à la pointe du jour. Mon
premier soin avant d'y mouiller fut de faire saluer
le pavillon amiral arboré sur le vaisseau de guerre le
Trusty de onze coups de canon. Après m'en être rap-
proché de très près pour ma plus grande facilité à
communiquer avec lui, je laissai tomber l'ancre à une
demi-encablure de distance, (j'observe ici que j'avais
alors à la tête de mon mât d'avant un pavillon parlementaire), à l'instant même, faisant mettre mon
canot à la mer pour aller en personne présenter mes
hommages au vice-amiral La Forêt, commandant
général des forces navales de Sa Majesté Britannique
dans ces mers. J'allais m'y embarquer lorsque le
capitaine de ce même vaisseau m'envoya son premier
lieutenant pour me complimenter en son nom sur
mon arrivée et me témoigner toujours en son nom combien il serait empressé de faire rendre au pavillon
royal de France le même honneur que celui que je
venais de rendre au pavillon royal d'Angleterre, mais
qu'à cet égard, ne pouvant rien prendre sur lui, il
était forcé d'attendre les ordres de son amiral qui

momentanément avait fixé sa résidence sur une habitation non loin du rivage de la mer. D'après cet avis,
je pris la détermination de me faire conduire chez
M. William Petry auquel elle appartenait. Ce riche
colon, dont les anciens officiers de mon corps
n'avaient eu qu'à se louer pendant leur séjour à
Tabago, vint au-devant de moi et après m'avoir offert
tous ses services de la manière la plus obligeante, me
présenta d'abord à tous les officiers supérieurs d'infanterie qui se trouvaient chez lui, et desquels je
n'eus qu'à me louer, et ensuite à l'amiral dont je n'eus
qu'à me plaindre... Notre entrevue ne fut pas longue,
mais elle fut si vive de part et d'autre que je ne
sais, en vérité, quel caractère plus sérieux elle aurait
pris sans l'intervention du général de terre, et autres
personnages marquants qui nous entouraient. Voici
les propres expressions de cet amiral après que je
lui eus expliqué le sujet de ma mission auprès de
lui et que je lui eus demandé la restitution de son
salut : « Je ne sais, monsieur le capitaine, me dit-il,
à quel titre vous exigez que je vous fasse rendre le
salut que vous avez pris sur vous à l'aide de votre
pavillon de parlementaire, que je veux bien encore respecter, de rendre à celui de Sa Majesté Britannique;
vous ignoriez sans doute en arrivant ici que j'avais
reçu l'ordre de mon gouvernement de faire la guerre
aux Français sans distinction de parti, et que la couleur blanche que vous portez n'étant plus reconnue
en Europe, je ne devrais la considérer que comme
celle d'un pirate qui ne mérite aucun ménagement;

cependant, par un reste de considération pour monsieur de Rivière, je ne veux pas en agir à l'égard de
son envoyé d'une manière aussi sévère. Mais repartez
sans délai, pour lui annoncer ma ferme résolution de
le combattre partout où je le rencontrerai. » Je dois
à la vérité de dire hautement ici que les personnes
présentes à cette scène violente, partagèrent la juste
indignation qui m'animait et m'en donnèrent immédiatement des preuves non équivoques. Je citerai
entre autres le général d'infanterie, le capitaine Drew
commandant le vaisseau le *Trusty* et son état-major ;
cependant, malgré l'ordre impératif que je venais de
recevoir d'une manière aussi peu convenable de
quitter cette rade, je crus devoir y rester encore deux
jours pour laisser à cet amiral le temps de réfléchir
un peu plus mûrement sur sa conduite à mon égard
et sur l'insulte qu'il faisait gratuitement au pavillon
du roi de France qu'il affectait de méconnaître alors
même que les gouverneurs particuliers des îles anglaises
se faisaient un devoir de lui rendre les honneurs
qui lui étaient dus. Mais, trompé dans mon attente,
je mis à la voile et je revins à la Trinité aussi peu satisfait de mon ambassade que navré des suites qu'elle
devait produire.

MM. de Chacon et de Rivière furent outrés en
apprenant que l'honnêteté qu'ils avaient cru devoir
faire à un amiral anglais qui n'avait aucun titre à y
prétendre fût accueillie par des propos indécents et
des menaces qui annonçaient la grossièreté du per-
sonnage qui les avaient prononcés. Certes, dans toute

autre position, M. de Rivière eût évité à M. de La Forêt la moitié du chemin en allant à sa rencontre et l'eût peut-être même fait repentir de son audace ; mais il avait déjà assez d'ennemis à combattre sans s'engager dans une nouvelle lutte privé des moyens de la soutenir.

A mon retour je trouvai auprès de lui quatre députés de la Martinique, envoyés en toute hâte par leurs commettants pour réclamer de ses bontés et de son ancien attachement pour les colons de cette île malheureuse, des secours qu'il lui appartenait de leur accorder, en supposant toutefois qu'il pût encore disposer des forces de mer qu'il avait offertes à l'Espagne sous la protection de laquelle il s'était placé. Ils ajoutaient encore, sans doute pour exciter davantage le désir de M. de Rivière à les aider de tout son pouvoir, que, lassés du joug barbare de la République et de son nouveau gouverneur Rochambeau, ils s'étaient déterminés à prendre les armes pour s'en soustraire. Ils avaient mis à leur tête deux hommes habiles, dévoués et courageux, le chevalier Jobal de Pagny [1], ancien gouverneur de

1. Antoine de Jobal de Pagny, né à Metz, le 12 mai 1747, de Louis, seigneur de Verneville, président à mortier du Parlement de Metz, et de Françoise Masson. Sous-lieutenant au régiment de la Marine (3 août 1763), sous-aide-major (1769), aide-major (1774), capitaine au régiment d'Auxerrois (1777), participe comme aide de camp du marquis de Bouillé (1780-1782) à la prise de Tabago, Sainte-Lucie et Saint-Christophe, chevalier de Saint-Louis (1782), lieutenant du Roi à Saint-Pierre de la Martinique (1782), participe à l'expédition de M. de la Pérouse à la baie d'Hudson. Rentre à la Martinique en mars 1783 ; il avait été nommé

Tabago, et un habitant, M. de Percin. Ce dernier avait déjà battu le général Rochambeau en rase campagne et l'avait forcé de se concentrer dans les forts dépourvus de vivres du côté de la terre mais avec la facilité de s'en procurer du côté de la mer.

A ce récit, M. de Rivière sentit se renouveler en lui la flatteuse espérance de reconquérir cette colonie et de la placer sous la domination espagnole dans le cas où les Anglais voulussent s'en rendre les maîtres. A cette heureuse idée s'en joignait une autre qui chatouillait davantage son cœur et ses goûts, c'était celle de conserver encore une petite possession de l'empire de son maître Louis XVII sous l'étendard des lis et d'y offrir un asile aux différents membres de son auguste famille dispersés en Europe. Nous partagions sa manière de voir à cet égard, mais après l'événement qui venait d'avoir lieu à Tabago et l'arrivée très prochaine d'une escadre anglaise dans ces mers, nous crûmes devoir lui observer qu'il y aurait beaucoup d'imprudence à s'exposer à être pris, en compromettant sa parole auprès du roi d'Espagne dont il devait attendre la réponse avant

en avril 1782 lieutenant-colonel du régiment de la Guadeloupe. Commandant particulier de Tabago (1784), colonel du régiment de la Guadeloupe (1785), émigre à Grenade en 1793. Le 30 août 1793, la *Calypso* le débarque à la Martinique où il est mis à la tête des royalistes de cette île. Émigré en 1794 à la Trinité espagnole après l'échec de la révolte martiniquaise, il reçoit le 31 décembre le brevet de maréchal de camp. Frère de Louis, comte de Jobal, major général des Gardes du corps sous la Restauration, il sollicita en vain de Louis XVIII le titre de comte, le grade de lieutenant général honoraire et le cordon rouge.

d'agir. Mais toutes ces observations jointes à celles
non moins justes de M. de Chacon ne purent
ébranler un seul instant sa ferme résolution de
remettre les pieds sur le sol français dont il se
croyait déjà libre possesseur. En conséquence, mettant tout en œuvre pour obtenir du gouverneur [de
la Trinité] la quantité de vivres dont il avait besoin
pour cette nouvelle expédition, il donna à M. de
Mallevault et à moi l'ordre de le suivre aussitôt que
ces premiers préparatifs seraient terminés. Cependant,
ne voulant rien avoir à se reprocher auprès de M. de
Béhague, qu'en fidèle observateur d'une stricte subor-
dination il voulait bien encore regarder comme son
chef, il me dépêcha auprès du gouverneur militaire
de l'île anglaise de Saint-Vincent chez lequel il était
établi depuis sa fuite de la Martinique, pour l'engager
à revenir prendre de nouveau le commandement
des troupes fidèles qu'il avait emmenées avec lui
pour s'emparer de la colonie dont le Roi l'avait
nommé gouverneur général, avant qu'elle fût la
proie des républicains qui s'en disputaient déjà les
dépouilles et l'assurer que, sans aucune crainte de
récrimination à son égard, ses anciens subordonnés
lui obéiraient aveuglément etc., etc. M. de Chacon
de son côté fit son possible pour lui prouver qu'un
général tel que lui ne pouvait persister dans l'inac-
tivité où il se trouvait volontairement, qu'enfin,
quelle que fût l'issue de l'expédition à la tête de
laquelle il devait être, il pourrait être assuré que le
roi d'Espagne son maître lui accorderait dans ses

armées les mêmes grades, les mêmes honneurs et les mêmes privilèges que ceux dont il avait joui au service de Sa Majesté Très Chrétienne.

Muni de ces deux lettres et de quelques instructions particulières qui toutes tendaient au même but, je me dirigeai sur cette île de Saint-Vincent où j'arrivai le surlendemain de mon départ avec les mêmes précautions que j'avais cru devoir prendre en mouillant à Tabago. Mais ici elles devinrent inutiles, car je n'eus qu'à me louer des marques d'honnêteté et de prévenance que me prodigua M.. le gouverneur militaire de cet établissement à ma première entrevue avec lui. Il ajouta seulement, d'un air un peu étonné, qu'ayant fait saluer le pavillon britannique à la Grenade, il avait osé se flatter que le même qui flottait à Saint-Vincent méritait les mêmes honneurs. Je lui fis part alors des puissants motifs qui m'avaient ôté jusqu'à l'idée de saluer désormais des pavillons étrangers, sans m'être assuré d'avance que les honneurs que leur rendait le mien seraient payés d'un égal retour; qu'au surplus ce qui m'était arrivé à cet égard avec l'amiral La Forêt devait me confirmer plus que jamais dans mon invariable résolution de ne plus compromettre aussi légèrement les couleurs royales que je portais. « J'ignorais, me répondit-il avec quelque vivacité, que vous eussiez à vous plaindre de cet amiral, qui sans doute n'est pas mis au rang de nos premiers officiers de marine. Mais à présent que vous avez bien voulu me faire part de sa conduite avec vous, je vous dirai franchement que les gouverneurs pour Sa Majesté Britannique des Iles du Vent n'imiteront point son exemple et je peux vous assurer qu'ils se feraient tous un devoir de répondre à une honnêteté par une honnêteté de même nature. » Après cette certitude je fis saluer cette place de treize coups de canon qui me furent rendus de suite. Cette conférence terminée à ma satisfaction, je lui demandai la permission d'en avoir une avec M. de Béhague. « Je vais vous faire conduire dans son appartement, me répondit-il, et lorsque vos affaires avec lui seront finies, j'espère que vous me ferez l'honneur de dîner avec moi, ne fût-ce que pour boire à la santé de votre digne chef monsieur de Rivière. »

M. de Béhague me reçut bien moins en officier subalterne qu'en plénipotentiaire, c'est-à-dire qu'il eut pour moi tous les égards et attentions délicates dont je ne le croyais pas susceptible. Prenant alors les lettres que je lui apportais et les ayant lues non sans quelque émotion, il me dit : « Je ne suis plus ce que j'ai été, et je m'en félicite, je ne peux donc accepter les propositions qui me sont faites par messieurs de Chacon et de Rivière, je vais toutefois les remercier de l'intérêt qu'ils veulent bien encore me porter; peut-être plus tard prendrai-je une autre détermination. »

Ainsi se termina notre conversation. Nous dînâmes ensemble, mais sans faire mention du motif qui m'avait conduit auprès de lui. Au sortir de table, je fis mettre à la voile. A la pointe du jour suivant, laissant l'île de Grenade sous le vent, je donnai dans l'après-midi dans la passe du Diable, la plus étroite des quatre qui forment l'entrée du golfe de Paria. M. de Rivière m'ayant aperçu mit aussitôt à la voile conjointement avec la *Calypso* et nous voilà faisant route pour la Martinique.

Le 2° de mai [1793] nous parûmes ensemble devant la baie du Fort-Royal dans le fond de laquelle étaient mouillées sous le canon des citadelles de Saint-Louis et de Bourbon les frégates de la République la *Félicité* et la *Bien Venue*. Notre présence inattendue fit évacuer sur-le-champ les différents points de la côte que jusqu'alors avaient occupés les patriotes. L'anse de la Case-Navire étant de ce nombre, nous y mouillâmes sans être forcés de les en chasser. Au même instant, on fit débarquer le peu de troupes fidèles qui étaient sur nos vaisseaux. Quelques créoles se réunirent bientôt à elles et quatre cents mulâtres ou nègres libres suivirent le même exemple. Le commandement de cette petite armée qui devait se grossir chaque jour davantage et qui toujours fut en diminuant, fut confié à M. de Gimate, ancien gouverneur de Sainte-Lucie, maréchal de camp, qui ne tarda pas à en venir aux mains avec celle des républicains de la ville de Saint-Pierre, bien supérieure en nombre et dans le maniement des armes. On se battit de part et d'autre avec acharnement. L'ennemi éprouva de grandes pertes et cependant se retira en si bon ordre qu'on ne pensa pas même à le poursuivre. D'ailleurs M. de

Gimate ayant été blessé mortellement, les officiers qui étaient sous ses ordres ne crurent pas qu'il fût prudent de ramener au combat des gens qui, bien qu'ils se fussent conduits avec courage dans cette première affaire, n'auraient peut-être pas montré la même énergie dans une seconde. Pour faire la guerre il faut des soldats disciplinés et non des hommes qui après la bataille ne reconnaissent plus d'autorité. Il fut donc résolu de se maintenir sur la défensive de ce côté et de faire cerner le fort Bourbon de l'autre. En conséquence nos troupes travaillèrent nuit et jour à faire des retranchements dans les positions les plus avantageuses et les plus rapprochées de cette citadelle dont le feu continu détruisait quelquefois leurs travaux. Enfin ils étaient à peine achevés lorsque le gouverneur Rochambeau les fit vivement attaquer et s'en serait rendu maître sans l'intrépidité de nos seuls soldats à les défendre. Dans cette sortie, les républicains perdirent quatre-vingts hommes, parmi lesquels trente d'entre eux restés blessés furent mis à mort par droit de représailles. Cette sortie fut la dernière qu'osa tenter ce général.

Pendant ce temps-là, la frégate la *Calypso* occupait le port du Marin, situé au vent de l'île, pour être plus à même de tendre des secours aux royalistes dans cette partie de la colonie. D'un autre côté le vaisseau la *Ferme* et la goélette l'*Élisabeth* paralysaient à l'entrée de la baie du Fort-Royal les mouvements des deux frégates républicaines et s'emparaient de temps à autre de quelques bâtiments marchands américains et danois qui, sans pudeur, venaient vendre des subsides aux rebelles. Ces subsides, il est vrai, nous furent de grande utilité, parce que consistant presque toujours en vivres, nous nous en servions pour notre usage en ménageant précieusement les nôtres. Enfin huit jours s'étaient déjà écoulés à s'observer et à se canonner mutuellement lorsque M. Bruce, gouverneur civil et militaire de l'île anglaise de la Dominique, écrivit à M. de Rivière la lettre suivante :

« Je me fais un vrai plaisir de vous annoncer, monsieur, qu'une escadre anglaise forte de sept vaisseaux de ligne et de deux frégates vient de mouiller à la Grande Anse (île de la Dominique). J'ai lieu de croire que ces nouvelles forces imposantes réunies aux vôtres contribueront à la prompte reddition de la place que vous assiégez. Je vous engage donc à vous concerter à cet égard avec l'amiral Gardner qui la commande, parce que je ne doute pas que, muni des mêmes instructions que les miennes, vous n'en soyez accueilli avec la distinction qu'à tant de titres vous méritez. Etc.

» Ville du Roseau, 12 mai 1793.

» (Signé :) BRUCE. »

Quoique M. de Rivière sentît encore bien vivement l'insulte faite à son pavillon par l'amiral La Forêt duquel il ne pouvait tirer une réparation éclatante par la position actuelle des choses, cependant par l'amour qu'il portait aux bons habitants de cette malheureuse colonie et par une condescendance particulière aux désirs de l'obligeant et honnête M. Bruce, il chargea M. de Mallevault, nouvellement arrivé du Port-Marin à la Case-Navire de lui porter sa réponse. Le même jour il écrivit à l'amiral Gardner[1] à peu près dans les mêmes termes que ceux dont il s'était servi avec M. La Forêt, et me dépêcha aussitôt auprès de lui. Cette nouvelle mission ne me plaisait en aucune manière.

Les désagréments que j'avais éprouvés à Tabago étaient trop présents à ma mémoire pour que je ne craignisse pas de les voir encore se renouveler avec les mêmes circonstances. Mais l'obéissance passive est le premier devoir d'un militaire et si quelquefois la qualité d'envoyé extraordinaire lui cause certains chagrins qu'il est forcé de dévorer en secret, il en est aussi d'autres qui lui procurent bien des jouissances... Avant donc de pénétrer dans cette Grande Anse où était mouillée l'escadre anglaise, j'arborai mon pavillon et ma flamme blanche que j'assurai d'un coup de canon. Je fis ensuite hisser à la tête de mon mât de misaine le pavillon parlementaire (l'Yak) et de cette manière je laissai tomber l'ancre fort près du vaisseau amiral *The Queen* (de 90 canons), mais sans le faire saluer. Lord Gardner me reçut froidement et cependant honnêtement. Il

1. Alan 1er, baron Gardner (1742-1809), amiral anglais, pair du Royaume-Uni, commandant de la flotte de la Manche lorsqu'il mourut. Il s'était distingué à la bataille de la Grenade (6 juillet 1779).

lut avec beaucoup d'attention la lettre de M. de Rivière et parut sardoniquement sourire aux offres qu'il lui faisait d'unir ses forces aux siennes pour s'emparer au nom du roi de France de l'île de la Martinique. Enfin, après un très court instant de réflexion sur ces propositions, il me fit plusieurs questions sur l'état présent de cette colonie, auxquelles je répondis de manière à lui faire sentir que la reddition dépendrait du secours qu'il voudrait bien accorder aux royalistes qui l'assiégeaient. Mais bien loin d'interpréter à mon gré ce que je venais de lui dire, je crus entendre qu'il ordonnait à voix basse à l'un de ses principaux officiers de faire rapprocher de moi une de ses deux frégates, pour m'empêcher sans doute de m'esquiver pendant la nuit. Cette mesure me paraissant hostile, je dus prendre congé de lui en le priant de me faire communiquer le plus tôt possible la réponse que lui demandait M. de Rivière. Ainsi je retournai à mon bord fort mécontent de ce premier début. J'y restai le reste du jour et même de la nuit suivante sans rien recevoir qui y eût quelque rapport.

Mais le matin, me promenant sur mon tillac et pensant sérieusement à ce qui m'était arrivé la veille, j'aperçus une chaloupe anglaise dans le fond de laquelle étaient assis quatre officiers d'infanterie, faisant sans doute partie des garnisons des forts qui défendent cette anse, et qui se dirigeait directement sur moi. Ces officiers parvenus à mon côté montèrent lestement à bord avec un air de gaieté et de franchise qui m'étonna : « Capitaine, me dit lord Saint Clair, — celui d'entre eux qui parlait le mieux le français, — nous venons au nom de notre commandant vous prier de lui faire l'honneur de venir dîner aujourd'hui même avec lui et si vous le permettez nous descendrons de suite à terre parce que son projet est de vous faire visiter cette partie de montagne qu'il habite avec nous et qui n'est pas sans intérêt, eu égard aux nouvelles fortifications que notre gouvernement y a fait établir. »

J'acceptai sans hésitation cette honnête invitation qui me rappelait toutes les marques de bienveillance et d'amitié que m'avaient prodiguées leurs camarades à Tabago et ailleurs. Je les fis aussitôt embarquer dans mon canot orné de mon pavillon blanc et nous nous rendîmes ensemble à terre en passant sous la galerie du vaisseau amiral où était alors lord Gardner. Ces messieurs ne pouvant ignorer ce qui venait d'avoir lieu entre lui et moi affectèrent de ne pas le saluer, j'imitai leur exemple. Enfin nous débarquâmes sur le rivage de cette Grande Anse où des chevaux de main nous avaient été envoyés. Chacun de nous prit le sien et nous gravîmes ensemble le chemin difficile qui conduisait à ces forts. Arrivés aux premières lignes avancées nous mîmes pied à terre. Là nous trouvâmes M. le commandant qui vint aussitôt auprès de moi et, me serrant affectueusement la main, me fit entrer dans son pavillon où un grand déjeuner nous avait été préparé. Dans ce repas on but beaucoup à la santé de M. de Rivière et à celle du corps de la marine sous ses ordres. Ce déjeuner terminé, ce même commandant accompagné de plusieurs de ses officiers eut l'extrême complaisance de me conduire partout où ma curiosité lui paraissait me porter à connaître. Cette affectation à me faire voir dans le plus grand détail ce qu'il aurait eu grand soin de cacher à un Français suspect me fit d'autant plus de plaisir que l'amiral Gardner, armé de sa grande lunette, ne nous perdait pas de vue. La visite terminée, cet officier me dit : « Maintenant, capitaine, monsieur Gardner sera convaincu que vous êtes de nos amis, puisse-t-il bientôt vous avoir pour tel! » Là-dessus nous nous donnâmes mutuellement nos noms et nous nous séparâmes.

Je retournai à mon bord bien persuadé que je devais au généreux gouverneur de cette île (M. Bruce) toutes les marques d'honnêteté et de confiance que venaient me prodiguer les officiers sous ses ordres. Mais ce moment agréable ne fut pas de longue durée, car à neuf heures du soir du même jour (16 mai), je vis partir de cette anse un vaisseau de 90 canons, un autre de 74 et une frégate de cette escadre que je supposais, non sans raison, à la recherche du vaisseau la *Ferme* et de la frégate la *Calypso*.

Cette idée cruelle me fatigua à tel point que le lendemain 17 dans la matinée, je me rendis auprès de l'amiral Gardner pour lui demander définitivement si j'étais son prisonnier ou son allié; que dans le premier cas, je me soumettrais aux lois de la guerre,

mais que dans le second je le prévenais que j'allais
mettre à la voile, sans attendre sa réponse à M. de Rivière. « Voici, me répondit-il, cette réponse que désire
monsieur de Rivière. Puisse-t-elle produire sur son
esprit un heureux effet! Quant à vous, monsieur, je
suis fâché que messieurs les officiers de la garnison
m'aient privé du plaisir de faire avec vous plus ample
connaissance en dînant ensemble, mais j'espère
qu'aujourd'hui vous me ferez celui de déjeuner avec
moi? » Une invitation aussi perfide me mit un instant
hors de moi-même. Ses officiers principaux et lui-
même s'aperçurent de l'altération subite qu'éprouva
ma figure et, prenant assez brusquement congé de
tous ces personnages, je retournai à mon bord où,
de suite, j'ordonnai de faire lever mon ancre. Mes gens
étaient déjà occupés à cette opération, lorsqu'un lieutenant de vaisseau appartenant à la frégate préposée
pour surveiller mes démarches, se rend sur-le-champ
auprès de moi et me demande impérieusement de quel
droit je prétends sortir de ce mouillage sans une
permission particulière de son capitaine. « Je pars,
lui répondis-je assez vivement, parce que telle est ma
volonté, veuillez bien en instruire celui qui vous a
envoyé ici et retournez sans délai d'où vous êtes
venu. »

Enfin je mis à la voile, mais une fois au large je ne
tardai pas à voir appareiller cette même frégate commandée par le fils de lord Gardner. J'avais alors
beaucoup d'avantages sur elle, les vents étaient
faibles le long de cette côte, qu'elle paraissait vou-

loir longer comme moi et ne pouvant s'en rapprocher autant. Je calculais que si les vents ne fraîchis-
saient pas pendant cette journée, je pouvais ensuite,
à la faveur de la nuit, lui échapper et rejoindre M. de
Rivière s'il en était temps encore. Dans cette position pénible je m'abandonnai à ma destinée et je
poursuivis ma route sur l'île de la Martinique.
Mais, par suite d'un calme presque profond, le lendemain matin je ne me trouvai que presque vis-à-vis de
la baie du Roseau, après cependant avoir perdu de
vue la frégate qui paraissait me poursuivre la veille.

J'arborai alors mon pavillon et ma flamme que
j'assurai d'un coup de canon. Au même instant
j'aperçus un grand canot qui, sortant de cette rade,
se dirigeait sur moi à force de rames. Je le laissai
approcher en mettant en panne, non sans quelque
inquiétude d'apprendre ce que l'officier anglais qu'il
portait avait à m'annoncer. Il m'apportait une lettre
de son gouverneur que voici : « Je vous engage fortement, monsieur le capitaine, à vous rendre de
suite auprès de moi. J'ai à vous donner des nouvelles
positives de monsieur de Rivière qui vous feront
d'autant plus de plaisir que je crois que vous en
avez besoin. Etc.

» (Signé :) BRUCE. »

« Je vous suis, répondis-je à cet officier ; mais permettez qu'avant de me rendre auprès de votre obligeant gouverneur, nous portions ensemble quelques
toasts à sa santé. — De grand cœur, me répondit-il. »

Et nous déjeunâmes de bon appétit. Après quoi nous arrivâmes ensemble à l'hôtel du Gouvernement où déjà M. Bruce nous attendait avec quelque impatience : « Je vous ai engagé, capitaine, à vous rendre auprès de moi, pour vous dire que la frégate *Calypso* que monsieur de Rivière m'avait dépêchée pour affaire de service entre lui et moi, a été prise dans cette rade et emmenée par la division anglaise à la Grande Anse d'où vous sortez. » Mais que d'après les instructions particulières qu'il avait reçues de son gouvernement à l'égard de la protection qu'il devait à la division royale de M. de Rivière, instructions dont l'amiral Gardner n'avait pas connaissance, cette frégate avait été relâchée; que le vaisseau la *Ferme* était toujours en croisière dans la baie de Fort-Royal. Ces paroles de paix me firent autant de bien que mes deux entrevues avec les amiraux anglais m'avaient fait de mal et je ne le cachai pas à M. Bruce en prenant congé de lui.

Le lendemain, je rejoignis M. de Rivière auquel je rendis compte de ma conduite, après lui avoir remis la réponse de M. Gardner que voici : « Le capitaine de Valous, commandant la goëlette de guerre l'*Élisabeth*, m'a remis, monsieur, la lettre que vous m'avez fait l'honneur de m'écrire le 14 de ce mois. Vous ignoriez sans doute à cette époque que la guerre était déjà déclarée à la France par l'Angleterre, et que dans ce nouvel état de choses, je ne pouvais ni ne devais accepter les propositions que vous me faites. Sachez donc que j'ai reçu de mon gouvernement l'ordre de combattre les Français sans distinction de partis et qu'en conséquence j'envoie contre vous des forces si supérieures aux vôtres que j'ai lieu d'espérer que pour l'amour de l'humanité vous ne ferez pas couler un sang inutile.

» A bord du vaisseau *The Queen*, à l'ancre dans l'anse de la Dominique, 18 mai 1793. (Signé :) Gardner.

» A M. de Rivière, commandant le vaisseau la *Ferme* au Fort-Royal (Martinique). »

M. de Rivière, après avoir hautement approuvé ma conduite dans cette dernière circonstance, me fit part de la vive altercation que M. de Mallevault avait eue avec cet amiral lors de son arrestation par ses vaisseaux. Mais que, forcé de lui rendre son bâtiment, il n'avait pu s'empêcher de lui dire : « Messieurs de la marine royale de France, sachez que Sa Majesté Britannique en vous admettant sous sa protection vous eût mieux traités que Sa Majesté Catholique et que s'il vous reste quelques regrets à cet égard, il en est temps encore, sous peu de jours nous nous verrons de près parmi nos ennemis... »

— Au reste, un événement qui vous surprendra autant qu'il m'a surpris moi-même, ajouta M. de Rivière, c'est l'arrivée de monsieur de Béhague en qualité de volontaire et employé comme tel dans nos petits camps (les officiers de marine étaient campés comme ceux de terre et faisaient le même service) pour s'assurer sans doute plus facilement les moyens de s'échapper encore au moment de l'orage. Cette dernière prédiction ne tarda pas à se réaliser.

Peu de jours après (en juin), cette même escadre anglaise paraissait devant l'entrée de la baie du Fort-Royal. M. de Rivière me dépêcha aussitôt auprès de son amiral pour le complimenter en son nom et traiter avec lui du salut qu'il se proposait de faire à son pavillon dans le cas seulement où ce salut serait rendu au sien d'une manière égale. M. Gardner parut sensible à cette marque d'honnêteté et me dit qu'il rendrait coup pour coup. Sur cette assurance je retournai à mon bord où de suite je fis le signal d'acceptation dont nous étions convenus avec M. de Rivière. Quinze coups partirent aussitôt du vaisseau la *Ferme* et immédiatement après quinze autres partirent du vaisseau *The Queen*.

Ce point extrêmement intéressant pour nous [!...] terminé, M. de Rivière arriva sur ce vaisseau amiral et fit en personne une longue visite à M. Gardner, qui cependant ne produisit pas l'heureux effet que nous devions en attendre. M. de Rivière réclamait auprès de lui des secours en hommes que cet amiral ne pouvait lui accorder parce qu'il n'avait aucune troupe de débar-quement à sa disposition et que, n'ayant que celles qui lui étaient absolument nécessaires pour maintenir ses équipages, il ne pouvait s'en départir. D'ailleurs, observait-il avec raison, n'étant sorti des ports d'Angleterre que pour aller à la poursuite d'une escadre républicaine française furtivement échappée des ports de France, et dont il ne connaissait pas la destination, il compromettrait sa responsabilité si elle venait à paraître sur ces parages pendant que ses

forces principales seraient à terre. Toutefois il con-
sentit, pour complaire à nos désirs, à faire canonner
la batterie du Carbet qui nous fatiguait et se flatta de
la détruire bientôt. Mais il en arriva autrement, les
patriotes qui la défendaient avec courage résistèrent à
l'attaque du *Duc d'York*, vaisseau de 90 canons et d'un
autre de 74. Il est vrai de dire que le premier ayant
reçu plusieurs boulets dans son grand mât, le com-
modore Muray qui le commandait se crut obligé de
renoncer à cette entreprise. Cette retraite fâcheuse
fut pour les patriotes un jour de triomphe et pour les
royalistes un jour de deuil; car dès cet instant ils se
crurent perdus et la désertion parmi eux devint
presque générale sans en excepter celle de M. de Béhague!

Enfin nous reçûmes de la cour d'Espagne la réponse
désirée. Par une lettre datée de Madrid le 17 avril 1793
et transmise par M. de Chacon le 15 juin 1793, Son
Excellence le marquis del Campo Alange, ministre de
la Guerre de Sa Majesté Catholique, nous avisait que
le Roi nous admettait tous avec nos bâtiments, nos
officiers de terre et de mer et nos troupes dans les
armées royales d'Espagne. M. de Chacon nous enjoi-
gnait en conséquence de regagner de toute urgence
la Trinité espagnole.

Cette admission définitive au service de l'Espagne
contraria singulièrement les dispositions de l'amiral
Gardner à notre égard, parce qu'il s'était toujours
flatté de réunir nos vaisseaux à ceux de son escadre.
Il est vrai d'ajouter que les conditions qu'il nous fai-

sait au nom de son gouvernement étaient très avantageuses. Car l'Angleterre assurait à chacun des officiers de cette division la totalité de ses appointements
pendant sa vie, sans être tenu à s'y fixer pour toujours. Lorsqu'en août 1793, après avoir prêté le serment de fidélité à Sa Majesté Catholique, nous fûmes
incorporés dans la marine d'Espagne non avec la
propriété et l'ancienneté de nos grades comme cela
avait été la volonté du Roi, mais bien mis à la queue
de tous et n'en conservant que l'intérim, que de
réflexions ne fîmes-nous pas alors sur les propositions de l'amiral Gardner, mais nous avions rempli
notre devoir à l'égard de la maison de Bourbon, et
cette idée consolante adoucit notre ennui.

Trompé dans son attente, cet amiral anglais se
disposa à quitter aussi cette croisière inutile. Si le
triomphe éphémère des patriotes au Carbet avait déjà
répandu quelque terreur parmi les royalistes de cette
île, la nouvelle du départ des deux flottes jeta parmi
eux une consternation et un abattement si grand
qu'on les vit en un instant et sans presque être
attaqués abandonner les positions les plus fortes
qu'ils occupaient. Parmi celles-ci, on citait celle du
Gros-Morne qu'à juste titre ils regardaient comme la
clef de la Martinique; et cependant M. Sotter qui
aurait dû la défendre avec le même courage qu'il
avait déployé autrefois, fut le premier à la livrer aux
ennemis de son pays. Enfin ces malheureux colons,
fuyant de toutes parts l'approche de leurs bourreaux,
se sauvaient pêle-mêle sans savoir précisément où

diriger leurs pas. M. de Rivière en remplit son vaisseau, moi-même j'en pris autant que la capacité de mon bâtiment pouvait le permettre et M. de Mallevault, alors mouillé au port du Marin, suivit notre exemple. Un seul vaisseau de guerre anglais, le *Culloden* en joncha également le sien et son brave capitaine, dont je suis fâché d'avoir oublié le nom, osa prendre sur lui de les transporter à la Dominique.

Ô vous qui, du fond de vos cabinets, encouragez par vos écrits incendiaires les agents subalternes des révolutions sans vous exposer à leurs dangers, que n'étiez-vous ici pour y être témoins du spectacle déchirant qu'offrait cette multitude de personnes honnêtes de tout âge, de tout sexe, et de toute condition, dénuées de tout secours et cherchant en tremblant un asile pour y mettre leur tête en sûreté! Nous étions tellement encombrés de ces infortunés émigrés qu'il fallait nécessairement leur passer sur le corps pour pouvoir manœuvrer. Dans cette position une longue traversée aurait causé la mort de la plus grande partie d'entre eux, mais Celui qui à brebis tondue mesure le vent permit que notre traversée fut extrêmement courte et que sans accident d'aucun genre nous arrivassions à la Trinité espagnole, où son excellent gouverneur fournit à leurs premiers besoins... Quant à nous, nous reçûmes peu après notre arrivée à la Trinité l'ordre d'aller rejoindre à Puerto Cabello l'escadre espagnole à laquelle nos bâtiments étaient incorporés (juillet 1793).....

Après l'évacuation de la station navale des Iles du Vent par la division de M. de Rivière, Rochambeau et ses lieutenants se rendirent définitivement maîtres de l'opposition royaliste et autonomiste de leurs habitants, mais ils eurent à faire face à un danger bien plus grand : la perpétuelle menace des Anglais, désireux depuis 1792 de s'emparer, à la faveur des troubles, des Antilles françaises objet de leur convoitise. La Guadeloupe fut relativement épargnée grâce à l'énergie du commissaire de la Convention, Victor Hughes. Tombée aux mains des Anglais en avril 1794, elle leur fut reprise deux mois après par les troupes des républicains français malgré la défense acharnée que leur opposèrent les colons royalistes de l'île. Les Anglais avaient non seulement abandonné ces derniers au mépris des engagements pris à leur égard (ils leur avaient promis de les faire comprendre dans la capitulation qui accordait la liberté et les honneurs de la guerre aux soldats anglais), mais les avaient désignés à la vengeance du représentant de la Convention leur vainqueur. Ils poussèrent le cynisme jusqu'à assister au supplice des royalistes leurs alliés et leurs victimes. La Martinique ne tarda pas à être de nouveau désolée par la guerre civile; elle fut bloquée à la fin de l'année 1793 par les Anglais qui s'en emparèrent malgré la défense héroïque de Rochambeau, le 21 mars 1794 et s'y maintinrent jusqu'à la paix d'Amiens (1802).

Sous le Consulat, la métropole revint aux traditions de l'Ancien Régime; en effet, selon l'article 91 de la constitution du 22 frimaire an VIII, « le régime des colonies françaises est déterminé par des lois spéciales ». Ces lois (30 floréal et 16 fructidor an X) abolissaient la représentation des colonies dans les chambres métropolitaines, rétablissaient la traite des noirs et l'esclavage et restauraient les anciens droits de douanes, une des rares abolitions heureuses de la Révolution. Un arrêté du 16 juin 1802 décidait en outre que, dans les colonies, l'état des personnes et la compétence des assemblées coloniales seraient réglés par les lois en vigueur avant 1789. Enfin pour achever de faire table rase des réformes accomplies par la première République, Bonaparte rétablit le 23 ventôse an XI les chambres d'Agriculture et créa la fonction de capitaine général. Le capitaine général devait avoir les attributions de l'ancien gouverneur général et partager avec un préfet et un grand juge (successeurs de l'intendant) l'administration de la colonie.

Après le désastre de Trafalgar, Napoléon Ier, exclusivement dominé par les soucis de la politique continentale et européenne, ne s'occupa plus des colonies qu'il laissa successivement retomber, sans même essayer de les défendre, entre les mains des Anglais qui s'emparèrent à nouveau de la Martinique le 24 février 1809 et de la Guadeloupe le 6 février 1810.

Les traités de 1814 et 1815 les restituèrent à la France et les Bourbons remontés sur le trône les dotèrent par l'ordonnance du 9 février 1827 d'une organisation à qui personne ne refuse le mérite d'avoir réparé aux Antilles les ruines accumulées par la Révolution, et dont un grand nombre de dispositions (l'esclavage et la traite mis à part) sont encore en vigueur aujourd'hui.

FIN

INDEX DES NOMS [1]

1. L'astérisque désigne la page où les personnages cités sont l'objet d'une note. Les noms des bateaux sont en italiques.

TABLE DES MATIÈRES

CHAPITRE IV

INTERVENTION DE LA MÉTROPOLE

CHAPITRE V

TROUBLES A LA GUADELOUPE ET A SAINT-DOMINGUE

CHAPITRE VI

PREMIERS DÉSACCORDS AVEC LE GOUVERNEUR GÉNÉRAL

CHAPITRE VII

LE PAVILLON BLANC EST ARBORÉ

COULOMMIERS
IMPRIMERIE
PAUL BRODARD
13968-6-30
1803-5-30

PRIX : 15 francs